La Philosophie anglo-saxonne :
La force de l'expérience

Collection « Sagesses d'hier et d'aujourd'hui »
L'histoire de la pensée écrite et racontée par Luc Ferry

Crédits couverture :
Photo Luc Ferry : © Rémy Cortin

Jeremy Bentham, © akg/Science Photo Library
David Hume, gravure colorisée, © akg/North Wind Picture Archives

Projet développé par :
Le Figaro et *Le Point*

ISBN : 978-2-8105-0526-5 (collection)
ISBN : 978-2-8105-0535-7 (volume 9)

La Philosophie anglo-saxonne : La force de l'expérience

par Luc Ferry

COLLECTION

SAGESSES D'HIER ET D'AUJOURD'HUI

Transcription réalisée avec l'amicale assistance
d'Alexandra Laignel-Lavastine.

Nous allons aujourd'hui parler de deux doctrines philosophiques un peu à part sur le Vieux Continent : l'utilitarisme et l'empirisme. À part, car elles reflètent plutôt les grandes visions du monde qui traversent l'univers mental, culturel, intellectuel, politique et juridique anglo-saxon. On ne peut rien saisir à la culture américaine ou anglaise si on n'a pas une idée de ce que sont l'utilitarisme et l'empirisme. C'est donc à une sorte d'exercice d'ethnologie philosophique que je vous inviterai dans cette leçon. Un peu comme un ethnologue s'efforce de comprendre les mœurs d'une tribu étrangère, nous partirons cette fois de ces deux doctrines philosophiques que sont l'utilitarisme et l'empirisme pour tenter de comprendre ce qui nous sépare, mais parfois aussi nous relie, à nos amis Anglais et Américains. Ne pas en tenir compte serait comme ignorer ce que représentent l'idée républicaine et la laïcité en France ; en faire abstraction serait se vouer à ne rien comprendre non plus à notre tradition intellectuelle, culturelle et politique.

L'utilitarisme et l'empirisme sont malheureusement mal connus chez nous, y compris parfois dans le monde philosophique. Nos universités comptent bien sûr d'éminents spécialistes de ces courants, mais le public cultivé n'en a pas moins, la plupart du temps, une image très approximative. Quand on évoque ces deux « ismes », le public, même cultivé, a tendance à ignorer pour l'essentiel ce à quoi ils renvoient, et quand on croit posséder quelques notions sur le sujet, elles sont, en général, fausses.

DES CLÉS POUR COMPRENDRE : LES PÈRES FONDATEURS

Avant d'entrer dans le fond de ces intéressantes visions de l'homme et du monde, permettez-moi de vous indiquer quelques noms et quelques dates de façon à fixer un cadre et à vous fournir quelques points de repère.

Commençons par la tradition utilitariste.

Ses grands auteurs sont de véritables stars de la pensée aux États-Unis ou en Angleterre, alors même qu'ils sont souvent inconnus en France et, plus généralement, sur le continent européen. Cinq grands auteurs dominent la tradition utilitariste – il y en a d'autres, bien entendu, mais ce sont les plus importants.

Le père fondateur de la doctrine est Jeremy Bentham (1748-1832), un jurisconsulte né à Londres qui publia, en 1789, son *Introduction aux principes de morale et de législation*, un livre qui marquera l'histoire de la pensée philosophique anglo-saxonne au point de devenir la véritable « bible » de l'utilitarisme anglais. Citons ensuite John Stuart Mill, francophile et francophone, grand ami de Tocqueville, né en 1806 et qui mourra d'ailleurs en France, en Avignon, au cours de l'année 1873. Dans les années 1860, Stuart Mill écrit un livre capital, tout simplement intitulé *De l'utilitarisme*, et qui, comme l'*Introduction* de Bentham, expose à son tour les grands principes de ce courant. Le troisième auteur, presque inconnu en France – ce qui fait toujours sourire aux

États-Unis, où il est enseigné partout, un peu comme Descartes dans nos lycées – s'appelle Henry Sidgwick. Né en 1838, mort en 1900, on lui doit un des ouvrages les plus sophistiqués en matière d'utilitarisme : *La Méthode de l'éthique*, qui n'est toujours pas traduit en français. Quatrième auteur, lui aussi fort important : Henry Salt (1851-1939), dont l'œuvre principale, *Le Droit des animaux considéré dans sa relation avec le progrès social*, a également marqué l'histoire de cette vision du monde puisqu'on y voit apparaître un des thèmes fondamentaux de l'utilitarisme anglo-saxon : celui du droit ou, du moins, de la protection des animaux (certains utilitaristes refuseront, en effet, de parler stricto sensu d'un « droit » des animaux, revendiquant plutôt la notion de *welfare*, le bien-être animal, mais, sur le fond, l'idée est la même). Le dernier auteur, Peter Singer, un philosophe australien qui enseigne aujourd'hui aux États-Unis, est notre contemporain. J'ai d'ailleurs eu l'occasion de le rencontrer et de discuter avec lui, puis de faire traduire en français, aux éditions Grasset, son livre majeur intitulé *La Libération animale*, un ouvrage qui sous-tend philosophiquement le Mouvement de libération des animaux (MLA), lui-même calqué sur le MLF, le Mouvement de libération des femmes. Dans un contexte français, associer si peu que ce soit le combat des femmes à celui en faveur des animaux fait au mieux sourire, au pire scandalise et pourrait à la limite vous conduire devant les tribunaux. Dans la perspective utilitariste, et d'une manière générale dans le monde anglo-saxon, non seulement cette comparaison ne choque pas, mais elle va presque de soi, nous verrons dans quelques instants pourquoi. C'est du reste un des signes, parmi tant d'autres, des vraies différences entre les deux mondes, la question du droit des animaux ou encore celle de l'euthanasie (que nous évoquerons aussi plus loin) constituant deux bons exemples de ces divergences entre la sensibilité philosophique anglo-saxonne, d'une part et, de l'autre, le républicanisme français ou allemand, très opposés quant aux principes mêmes sur certains points à cette tradition utilitariste. Cela dit, l'utilitarisme ne cesse de gagner du terrain en Europe, « impérialisme américain » oblige, diront certains, notamment s'agissant de l'euthanasie et du droit des animaux (mais aussi du tabac, de la limitation de vitesse ou du féminisme…) : raison de plus pour s'y intéresser.

> *« Dans un contexte français, associer le combat en faveur des femmes à celui en faveur des animaux fait au mieux sourire, au pire scandalise. Dans la perspective utilitariste, cette comparaison va de soi… »*

Du côté des philosophes empiristes, mentionnons le génial David Hume (1711-1776), un philosophe écossais du XVIIIe siècle, sans conteste le plus grand penseur de la tradition empiriste. David Hume était aussi un utilitariste, même si d'importantes différences le séparent du père fondateur, Jeremy Bentham. On verra du reste que pratiquement tous les grands empiristes sont, sur le plan moral et politique, des utilitaristes. Dans le domaine de la pensée économique et politique, on retrouve encore un fond philosophique essentiellement utilitariste chez Adam Smith (1723-1790), l'auteur de la fameuse théorie de la « main invisible » qui sous-tendrait la logique du marché. Cette théorie est déjà présente en germe (et même un peu plus) chez Bernard de Mandeville, un auteur passionnant et plein d'humour « British » dont je parlerai ultérieurement, qui publia, dans les années 1814, une petite fable d'une quinzaine de pages, à lire absolument : *La Fable des abeilles* (vous en trouverez ici même de larges extraits). Il s'agit en fait de la première version des grandes théories libérales de la « main invisible » ou, pour reprendre l'expression hégélienne, de la « ruse de la raison » (ruse, car elle se sert de son contraire, les passions et les intérêts les plus vils, pour se réaliser). Nous verrons dans un instant pourquoi ce libéralisme économique est directement lié aux théories utilitaristes.

Le type idéal de l'utilitarisme

Mais entrons maintenant dans le vif du sujet.

Pour que vous puissiez vous former une idée juste de ce qu'est l'utilitarisme, j'aimerais vous proposer ce que Max Weber appelait un « type idéal ». Je voudrais vous exposer les quatre traits fondamentaux qui me paraissent caractériser au mieux cette doctrine, quatre traits d'ailleurs discutés à l'intérieur même de la tradition qui nous intéresse ici (dont les grands représentants ne sont pas toujours d'accord entre eux). Il n'en reste pas moins que ces quatre traits fondamentaux forment, pris ensemble, comme le type idéal ou le modèle de l'utilitarisme. Et ils sont, comme vous le verrez, tous très profonds, bien que parfois choquants pour un républicain français ou un héritier de Kant.

Première caractéristique : le sens de la vie ou la quête du bonheur

Commençons par la première caractéristique, celle qui fonde véritablement l'utilitarisme, c'est-à-dire l'idée que la finalité ultime de l'existence réside dans la quête du bonheur. L'utilitarisme est en effet, d'abord et avant tout, ce qu'on appelle un *eudémonisme* : une vision du monde dans laquelle les humains sont d'abord définis comme des êtres qui ont *intérêt* au bonheur. Et le mot « intérêt », ici, est fondamental. Pour les utilitaristes, en effet, les hommes sont essentiellement définis par le fait qu'ils sont les porteurs ou les sujets d'intérêt aussi divers que multiples, mais qui, au fond, reviennent tous à ceci : ils ont intérêt au bonheur, au plaisir et au bien-être ; inversement, ils ont intérêt à fuir ou à éviter la douleur et la souffrance. En d'autres termes (et on commence déjà à voir en quoi l'opposition va se faire avec les morales républicaines, en particulier avec la morale kantienne, mais aussi avec l'héritage du christianisme), *il n'y a pas, chez les humains, d'actions désintéressées.*

> *« La quête de nos intérêts, voilà ce qui domine notre vie, qu'elle soit intellectuelle, morale ou matérielle. Les êtres humains sont fondamentalement des êtres intéressés. »*

De prime abord, cette conception pourrait paraître triviale, pour ne pas dire d'une insondable banalité. Mais, en vérité, vouloir fonder une vision morale du monde sur la conviction première que les êtres humains sont fondamentalement des êtres *intéressés* ne va pas de soi. Cela semble même, pour beaucoup d'entre nous, plutôt a priori contraire à l'idée que nous nous faisons de la vertu, notion que nous avons spontanément tendance à associer à celle de générosité, pour ne pas dire de désintéressement. Si je continue à approfondir, qu'est-ce que cela signifie ? Cela signifie qu'aux yeux des utilitaristes il n'y a jamais d'acte gratuit. Cela n'existe tout simplement pas. Derrière toutes nos actions se profile toujours une quête de bonheur, le souci de satisfaire ses intérêts, ses besoins ou ses désirs. Cette quête peut bien entendu s'avérer plus complexe que prévu : par exemple, il existe des plaisirs et des désirs très sophistiqués, très intellectuels, d'autres réputés matériels, vulgaires ou bas. Mais, dans les deux cas, selon les utilitaristes, nos actions sont toujours dominées par la logique de l'intérêt et la recherche du bonheur.

D'où vient cette intuition fondatrice de la doctrine ? Pour commencer, du fait que l'utilitarisme part d'une analyse du sujet, de la subjectivité humaine, qui considère qu'avant même d'être des êtres de langage ou de raison nous sommes, d'abord et avant tout, des êtres de plaisir et de peine. La quête de la satisfaction de nos intérêts domine donc notre vie, qu'elle soit intellectuelle, morale ou matérielle. Ces intérêts peuvent être conscients ou inconscients, certaines actions paraissant désintéressées ou altruistes, certains individus allant jusqu'à sacrifier leur propre vie pour en sauver d'autres étant secrètement ou inconsciemment déterminés par des intérêts cachés : peu importe, en réalité ; dans tous les cas de figure, le désintéressement n'est jamais qu'une apparence, une illusion. En vérité, ces êtres altruistes, ceux qui sacrifient leur temps ou même leur vie pour les autres, témoignent seulement du fait qu'ils ont, encore et toujours, intérêt au bonheur d'autrui, qu'ils sont soucieux d'autrui, de telle sorte que c'est, en dernière instance, la poursuite de leur intérêt qui les pousse à se sacrifier. Dans cette vision des choses, on peut donc sacrifier sa vie par intérêt pour les autres, parce que nous les aimons, par exemple, que leur bonheur fait en ce sens partie du nôtre et que, du coup, leur vie même nous paraît plus intéressante ou plus importante que la nôtre. Le sacrifice n'est jamais désintéressé, même quand il a l'air grandiose, héroïque. Bref, que les intérêts cachés derrière nos actions soient conscients ou inconscients, avouables ou inavouables, sublimes ou vulgaires, matériels ou intellectuels, peu importe : ce qui compte, au final, c'est qu'aucune action n'est jamais désintéressée.

Des animaux et des hommes : tous des êtres « intéressés »

Cette logique de l'intérêt vaut non seulement pour les humains, mais aussi pour les animaux. De ce point de vue, il n'existe pas de différence essentielle, qualitative, entre les humains et eux. De même qu'il y a des « droits humains » (*human rights*) – on dit « droits humains » de préférence à « droits de l'homme » dans la tradition utilitariste –, de même les animaux méritent d'être respectés et bien traités. Dans la mesure où, contrairement à ce que qu'affirme Descartes, ils ne sont nullement des machines, des automates insensibles, mais des êtres de plaisir et de peine, capables aussi d'éprouver de la souffrance, on considérera que le respect leur est dû. Comme le dit, ou plutôt le crie littéralement Henry Salt dès la première ligne de son ouvrage majeur, *Les Droits de l'animal dans leur rapport avec le progrès social* (1892), livre qui ne fait du reste que préciser les thèses de Bentham : « Les animaux ont-ils des droits ? Sans aucun doute si les hommes en ont ! » car des uns aux autres la continuité est parfaite sur le plan éthique.

Nous verrons ainsi comment l'utilitarisme développera une philosophie du *welfare* animal, de la protection ou du bien-être des animaux. Et ne croyez pas – car c'est aussitôt l'objection qui vient à l'esprit, notamment dans le contexte français – que les utilitaristes soient pour autant des rêveurs ou des niais qui ne tiendraient aucun compte des réalités. Ce n'est pas le cas : par exemple, ils ne disent pas que les animaux sont égaux aux humains. Pour évoquer un cas concret et éviter d'entrée de jeu un malentendu, Peter Singer note qu'à l'évidence une mère souris aura moins d'intérêt à conserver ses petits en vie qu'une mère humaine à conserver les siens. En d'autres termes, la mort d'un enfant, pour un humain, sera en général beaucoup plus douloureuse que la mort d'un souriceau pour une mère souris. Mais si les utilitaristes maintiennent, ici, une différence, celle-ci se joue seulement au niveau quantitatif, dans ce qu'ils appellent le « calcul des plaisirs et des peines ». Il ne s'agit pas d'une différence essentielle ou qualitative, mais d'une différence en termes de quantité de souffrance – et de ce point de vue aussi, il est clair que la souris éprouve plus de peine à être torturée qu'un caillou ou une plante, voilà tout.

« Les utilitaristes estiment que si le rat ou la souris ressentaient une souffrance supérieure à celle qu'éprouve un humain, il faudrait d'abord protéger le rat et la souris : un intérêt est un intérêt, quel que soit l'être dont il est l'intérêt ! »

Les utilitaristes ne prétendent donc pas que les souris devraient se voir octroyer des droits égaux aux humains. Ils estiment que si la petite bête ressent une souffrance égale ou supérieure à celle qu'éprouve un humain, il n'est pas absurde d'en tenir compte, et même de la protéger autant que l'être humain. Bien sûr, tout ceci relève de ce que les utilitaristes appellent une « morale appliquée ». En ce sens, l'utilitarisme peut être essentiellement considéré, aujourd'hui, comme une *éthique concrète*, qui s'attache à la casuistique ou à la jurisprudence, c'est-à-dire à l'examen de cas particuliers. Le droit anglo-saxon, comparé au droit français, accorde au demeurant une place beaucoup plus large à la jurisprudence.

Morale républicaine et morale utilitariste

À propos de ce premier pilier de l'utilitarisme – l'homme est avant tout un être d'intérêt, toujours à la recherche du bonheur –, une remarque s'impose d'emblée, et elle est fondamentale si l'on veut comprendre l'histoire de la pensée moderne.

Au XVIIIe siècle, on voit en effet apparaître en Europe deux grandes éthiques laïques, deux grandes visions morales du monde de nature non religieuse. Ces deux conceptions de l'homme et du monde ne s'enracinent plus ni dans une théologie ni dans une cosmologie, comme c'était le cas, nous l'avons vu, pour les grandes morales anciennes, la morale chrétienne et les éthiques grecques, celles de Platon, d'Aristote ou des stoïciens. On assiste au contraire à l'apparition de morales enracinées dans l'Être humain, dans la subjectivité. Un sujet qui, pour l'utilitarisme, est conçu comme un être de désir, de plaisir, d'intérêt, tendu vers la recherche du bonheur. En d'autres termes, la philosophie du XVIIIe siècle nous fait sortir du cosmologico-éthique comme du théologico-éthique : nous ne sommes plus dans des morales cosmiques ou religieuses, mais dans des morales laïques et humanistes au sens où elles fondent les critères du bien et du mal sur une analyse de la subjectivité humaine et non sur une analyse du cosmos ou de la divinité.

L'apparition de ces grandes morales non religieuses ne signifie évidemment pas que les hommes des Lumières deviennent nécessairement athées : on peut très bien adhérer à une morale laïque et rester profondément croyant, mais cela signifie qu'il n'est plus nécessaire de faire appel à Dieu pour fonder la morale. C'est au fond l'émergence de la laïcité qui est ici en jeu et la laïcité, comme on sait, n'est pas l'athéisme, mais le renvoi de la foi vers la sphère privée, la morale commune et la politique démocratique pouvant se passer de la religion pour être fondées en raison.

> *« Nous ne sommes plus dans des morales religieuses, mais dans des morales laïques et humanistes au sens où elles fondent les critères du bien et du mal sur la subjectivité humaine. »*

Nous aurons, dès lors, *deux grandes morales laïques*. La première est bien représentée par la morale de Kant, en Allemagne, ou par celle des républicains en France. À peu de chose près, il s'agit des mêmes idées : contrairement à l'utilitarisme, les grandes morales républicaines allemandes ou françaises tiennent que nous ne faisons véritablement le bien non pas quand nous poursuivons nos intérêts ou quand nous leur donnons satisfaction mais, tout à l'inverse, quand nous sommes capables de les mettre de côté pour agir, justement, de manière désintéressée. L'action vraiment morale, c'est l'action généreuse, celle dans laquelle on met son égoïsme entre parenthèses, ses intérêts particuliers de côté. Si je découvre par exemple que quelqu'un est gentil avec moi, qu'il me veut du bien, s'occupe et prend soin de ma personne parce qu'il convoite mon héritage, alors toute dimension morale disparaît. Pour les républicains à la française comme pour les héritiers de Kant, toute dimension morale s'évanouit aussitôt qu'on décèle un intérêt caché derrière une action apparemment désintéressée. L'intérêt anéantit la morale. La vraie vertu renvoie toujours, au contraire de ce que prétend l'utilitarisme, au désintéressement. Une action n'est véritablement morale qu'à proportion du désintéressement qui la motive – ce qui suppose une certaine philosophie de la liberté, celle que nous avons déjà vue à l'œuvre chez Pic et Rousseau, une certaine idée de la liberté entendue comme faculté de s'arracher à la nature, de s'émanciper de la seule logique du calcul, de la rentabilité et des intérêts. Dans *Les Fondements de la métaphysique des mœurs*, Kant lui-même admet n'être « pas certain qu'une seule action morale ait vraiment existé dans le monde ». Il se peut toujours que des intérêts se dissimulent derrière, mais dans l'idéal, la véritable action morale, c'est l'action désintéressée.

> *« Pour les républicains, la liberté passe avant le bonheur. Au contraire, l'utilitarisme se présente d'abord comme une morale du bonheur et ensuite, éventuellement, de la liberté. L'intérêt passe avant la liberté… »*

L'utilitarisme prend le contre-pied absolu de cette vision républicaine ou kantienne de l'éthique. Notre Déclaration française des droits de l'homme repose, comme la morale de Kant, sur l'idée que l'être humain mérite d'être protégé et possède des droits, *abstraction faite* de son enracinement dans des communautés particulières où il a des intérêts. C'est toujours cette conception, à proprement parler « universaliste » (non communautariste), qui domine le républicanisme, qu'il soit français ou allemand. Avec Kant et les républicains français, on a donc affaire à des *morales de la liberté*, et non du bonheur. Le bonheur est bien sûr important, mais il reste, au sens propre du terme, secondaire : si l'on doit choisir entre les deux, c'est la liberté qui compte avant tout, la liberté comme faculté de s'arracher à ses intérêts particuliers, de mettre son « cher moi » de côté, comme dira Freud, de façon à agir de manière désintéressée. On voit bien l'idée : seule la liberté permet cet arrachement. Encore une fois, la liberté se définit ici comme faculté d'arrachement à la nature ou, c'est tout un, comme faculté de s'arracher à ses intérêts, à ne pas en être toujours prisonnier, ainsi que nous l'avons vu chez Pic de la Mirandole ou chez Rousseau quand nous avons évoqué la naissance de l'humanisme. C'est dans cette liberté-là que réside la dignité de l'homme. Jamais un républicain français ou un moraliste kantien ne pourra adhérer, comme les écologistes d'aujourd'hui, au slogan *Lieber rot als todt* – « Plutôt rouge que mort » : non, du point de vue des morales de la liberté, le sacrifice de soi, qui suppose qu'on lutte contre ses intérêts au bonheur, est possible. On peut mourir pour défendre la liberté et la dignité humaines.

L'utilitarisme prend le parti résolument inverse. Il se présente d'abord comme une *morale du bonheur*, et ensuite, éventuellement, de la liberté. L'utilitarisme prône d'abord et avant tout une morale de l'intérêt : le bien coïncide avec la satisfaction des intérêts, c'est-à-dire avec le contraire exact d'une action désintéressée.

Pour radicalement opposées qu'elles soient, ces deux morales modernes, le kantisme républicain et l'utilitarisme, reposent sur un socle commun : celui de la laïcité – en quoi elles vont se partager quasi intégralement, au moins jusqu'à la fin du XXe siècle, le monopole du discours moral sur les valeurs.

DEUXIÈME CARACTÉRISTIQUE : L'UTILITARISME N'EST PAS UN INDIVIDUALISME

L'examen du deuxième pilier de la doctrine utilitariste va me permettre de corriger une erreur très répandue, une erreur qui peut-être s'insinue déjà dans vos esprits, celle selon laquelle les utilitaristes confondraient le plaisir et le bien. Les malheureux passeront leur vie à répondre à ce type d'objections : si le bourreau, le tortionnaire nazi, prend plaisir à torturer quelqu'un, est-ce bien pour autant ? Cette objection, on ne manquera pas de la leur opposer sous des milliers de formes différentes. Les utilitaristes ont évidemment une réponse, et c'est là, avec ce deuxième pilier, qu'on approche vraiment de la définition essentielle de la doctrine, du cœur de son type idéal. Jeremy Bentham ne cesse d'y insister : l'utilitarisme n'est pas une théorie qui valoriserait exclusivement la satisfaction des intérêts particuliers et personnels. Contrairement à ce que l'on croit souvent, l'utilitarisme n'est pas une doctrine nécessairement égoïste.

> « *Une action est bonne aux yeux des utilitaristes, non pas quand elle satisfait seulement mes intérêts égoïstes, mais quand elle tend à réaliser la plus grande somme de bonheur possible pour le plus grand nombre.* »

Pourquoi ? Parce que l'utilitarisme soutient une thèse – et c'est là sa proposition proprement fondamentale, sans doute la plus importante de toutes : une action est bonne, non pas quand elle satisfait seulement mes intérêts égoïstes et particuliers, mais quand elle tend à réaliser la plus grande somme de bonheur possible pour le plus grand nombre d'êtres susceptibles de souffrir ou d'éprouver du plaisir. Autrement dit, une action est bonne quand elle *augmente la somme globale de bonheur ou de bien-être dans le monde* et elle est mauvaise quand elle entraîne une diminution de cette somme globale de bonheur et qu'elle augmente par conséquent la somme globale de souffrances pour le plus grand nombre d'êtres concernés par cette action. Il s'ensuit que ce qui compte aux yeux des utilitaristes, c'est bien le souci de l'ensemble, pas seulement celui des particuliers pris isolément, le souci, donc, de la somme globale de bonheur ou de la somme globale de souffrance, et non pas la seule satisfaction de nos intérêts personnels. Par où il s'agit bien d'une doctrine qu'on peut qualifier d'*universaliste* – qui prend en compte le bien commun et l'intérêt général. Autrement dit, l'utilitarisme n'est pas un individualisme.

On verra même que c'est parfois le contraire d'un individualisme, au sens ordinaire du terme, au sens d'un égoïsme. Il peut même s'agir, à certains égards, d'une morale du *devoir* : on *doit* aussi prendre en compte le bien des autres et pas uniquement son intérêt personnel – tout le problème étant bien sûr de savoir si cette idée de « devoir », de dépassement de soi est ici cohérente, si elle possède encore un sens dans la perspective où on pose que toute action est intéressée.

Nous allons y revenir, mais notons déjà qu'on entrevoit d'emblée ici la difficulté : si je n'ai d'autre intérêt que de suivre mes intérêts personnels, comment puis-je passer de mon intérêt égoïste et individuel à la prise en compte de l'intérêt des autres ? Telle sera la grande question de l'utilitarisme, et c'est là-dessus, par exemple, que l'œuvre d'Adam Smith va développer une théorie des sentiments moraux d'une réelle profondeur (même si je ne la partage en rien).

Je vais y revenir, mais résumons encore, avant de voir leurs divergences, les deux grands points communs qui relient les morales républicaines (valorisant le désintéressement) et la morale utilitariste. Nous l'avons dit, il s'agit de morales laïques dans les deux cas, et ce point est capital. Toutes ont rompu avec le cosmologico-éthique comme avec le théologico-éthique : ces éthiques ne sont plus enracinées dans une cosmologie ou dans une théologie, mais dans l'être humain – qu'il soit entendu comme être de liberté, de perfectibilité, d'arrachement à la nature chez les républicains (par quoi il se distingue de l'animal), ou comme un être d'intérêt chez les utilitaristes (en quoi, au contraire, l'homme n'est qu'un animal parmi d'autres). Dans les deux cas, on part du sujet humain, et la morale – la distinction du bien et du mal – se fonde sur une analyse de la subjectivité humaine. D'où (premier trait) son caractère humaniste. Le deuxième trait commun tient au fait que nous sommes face à des morales universalistes, à des morales qui plaident pour le bien commun et pour l'intérêt général. On le voit, ce serait commettre une lourde erreur que de réduire l'utilitarisme à une morale de l'intérêt particulier. Cette objection, pourtant fréquente, est infondée. Elle repose sur des erreurs d'interprétation aussi bien que sur la méconnaissance des grandes œuvres.

Reste qu'il y a bien là, comme on va voir dès maintenant, un vrai problème de cohérence.

TROISIÈME CARACTÉRISTIQUE : LA THÉORIE DES SENTIMENTS MORAUX

Le troisième pilier pose, en effet, un vrai problème. Nous venons de l'effleurer, mais cette difficulté se révèle plus profonde qu'il y paraît à première vue. Il nous faut donc l'approfondir : en effet, comment passe-t-on, dans la perspective utilitariste, du souci de nos intérêts personnels et égoïstes au souci du bonheur global ? Après tout, si l'être humain n'est qu'un être d'intérêts, pourquoi prendrait-il en compte l'intérêt des autres ? Chez Kant comme chez les républicains français, que j'associe sur ce point, on comprend aisément comment la liberté permettra le passage de l'un à l'autre – la liberté étant justement conçue comme une capacité de s'arracher aux penchants égoïstes ou, comme l'écrit Kant, aux « inclinations naturelles ». Ma nature est fondamentalement égoïste : si je suis ma pente naturelle, je ne pense qu'à moi. Mais je possède aussi cette faculté de liberté ou de libre arbitre qui me permet de m'arracher à mes passions naturelles, à mon propre intérêt ou à mon égoïsme. Chez Pic de la Mirandole, Rousseau ou Kant, c'est donc par *l'arrachement à soi* qu'on peut passer de l'intérêt particulier à l'action désintéressée, celle qui prend en considération l'intérêt de tous ou du plus grand nombre. Je mets de côté mon moi égoïste, ce qui me permet de m'intéresser aux autres. Mais, pour y parvenir, il me faut la liberté, laquelle fait en quelque sorte le trait d'union entre l'intérêt particulier et l'intérêt général. C'est d'ailleurs pour cette raison que nous valorisons spontanément, sans même avoir besoin d'y réfléchir, l'action désintéressée : on estime qu'un homme a été grandiose quand il a mis ses intérêts particuliers de côté pour se dévouer à une cause commune, d'utilité publique, comme on dit.

D'ailleurs, si on soupçonne toujours les hommes politiques de mentir, c'est bien parce qu'on sait qu'ils ont toujours tel ou tel intérêt à dire ceci ou cela, et qu'au fond un homme politique, quand il s'exprime en public, agit toujours de manière intéressée. Il ne peut pas faire autrement. Spontanément, nous autres républicains éprouvons donc une méfiance ou un soupçon et, tout aussi spontanément, nous valorisons la liberté comme capacité de désintéressement ou d'arrachement à la nature.

> *« Mais comment fera-t-on, dans l'utilitarisme, pour passer de l'intérêt particulier à l'intérêt général et au souci des autres ? Réponse : par la théorie des sentiments moraux. »*

Dans la perspective utilitariste, le désintéressement n'est pas possible, il n'a aucune place dans la doctrine d'ensemble où il paraît même irrationnel, tout simplement contraire au principe de raison qui veut que toute action possède sa cause ou sa raison d'être, l'intérêt étant toujours son mobile. D'où, derechef, la difficulté : comment fera-t-on pour passer de l'intérêt particulier à l'intérêt général, de mon égoïsme foncier au souci de l'autre, à l'altruisme ? Réponse : par la théorie des sentiments moraux. Il revient surtout à Adam Smith, même s'il n'est ni le seul ni le premier (je pense à nouveau à l'excellent Mandeville, dont on lira plus loin la fameuse *Fable des abeilles*), d'avoir développé avec la sophistication la plus grande cette théorie des sentiments, bien que ses linéaments soient déjà présents aussi chez Bentham et chez Stuart Mill.

L'idée de *sympathie* est ici celle qui joue le rôle le plus fondamental. Je vous en indique juste le principe, l'analyse des sentiments moraux étant ensuite très fine et détaillée. Les utilitaristes sont souvent de grands psychologues, qui adorent analyser les replis de l'âme, les méandres de l'égoïsme ou les sentiments inavouables – je vous renvoie à nouveau sur ce point à *La Fable des abeilles*.

Mais allons directement à l'essentiel : la sympathie implique que le bonheur des autres entre dans mon bonheur propre. À partir du moment où j'aime mes proches, leur bonheur compte pour moi : je ne peux être heureux s'ils sont malheureux, s'ils sont dans la maladie ou la misère. Il s'agit d'une simple constatation de fait, mais qui permet de relier l'intérêt particulier et l'altruisme : j'ai moi aussi intérêt à ce que les autres soient heureux. D'une manière générale, si je suis un être humain digne de ce nom, normalement constitué, ainsi pensent du moins les utilitaristes, je trouve même un intérêt à ce que l'humanité entière soit heureuse. D'ailleurs, les mouvements utilitaristes sont très souvent des mouvements philanthropiques, dans la mesure où ils estiment que nous avons intérêt à ce que l'humanité vive plutôt dans le bien-être et même dans la liberté – dans la mesure où, loin d'être sacralisée comme elle l'est chez Kant ou chez les républicains, elle est, tout simplement, un élément du bonheur. À la limite, voir les autres malheureux, du moins quand ils nous sont proches, tend à gâter notre propre bien-être, pour ne pas dire notre confort moral. Il y a certes des gens méchants, mais, globalement, l'humanité est plutôt bonne et, comme on dit en anglais, « concernée » par le bonheur des autres. Du coup, et là est l'essentiel, c'est toujours par *intérêt* qu'on passe de l'intérêt particulier à l'intérêt général.

> *« La sympathie implique que le bonheur des autres entre tout simplement dans mon bonheur propre. J'ai donc moi aussi intérêt à ce qu'ils soient heureux. »*

Inutile ici de développer davantage, l'argumentation est claire. Même dans le règne animal, soutiennent les utilitaristes, nous n'avons pas besoin de supposer la liberté pour expliquer qu'une chatte s'occupe de ses chatons : elle le fait très bien, et si on lui enlève ses bébés à la naissance, elle se mettra à courir partout, manifestement troublée. Chez les animaux aussi, on constate donc un intérêt porté à autrui et un souci de l'autre : nul besoin, donc, d'invoquer la notion de liberté pour expliquer ce passage de l'intérêt particulier à l'intérêt général. Du moins est-ce ainsi que l'utilitarisme résout le problème. Nous allons voir que ce n'est pas si simple, mais avouons que, dans un premier temps, la solution ne manque pas d'élégance…

Quatrième caractéristique : l'utilitarisme n'est pas une morale de l'intention

Le quatrième pilier, c'est ce qu'on appellera le « conséquentialisme ». Que recouvre ce néologisme un peu barbare ? Il signifie que l'utilitarisme n'est pas une morale de l'intention. Pour Kant, c'est l'intention qui compte et, au fond, on n'est pas responsable des conséquences de ses actes. L'important est d'avoir voulu bien faire, et si on a fait tout son possible, on ne peut être tenu pour responsable de ce qui advient. Ce pourquoi la morale de l'intention a pour devise : *Fiat justitia pereat mundus*, « Il faut que justice soit faite, le monde dût-il en périr. » En quoi aussi, à ses yeux, une injustice demeure à l'évidence infiniment plus grave qu'un désordre. On ne saurait, par exemple, condamner un innocent au prétexte de maintenir la paix sociale. Le capitaine Dreyfus doit être défendu, l'image de l'armée française dût-elle en souffrir. Le respect des droits de l'homme l'emporte sur le souci du bonheur global. John Rawls, l'auteur de la *Théorie de la justice* (1971), un philosophe américain, mais de sensibilité kantienne, a développé sur ce point une très intéressante critique de l'utilitarisme en montrant que les droits de l'homme sont toujours premiers par rapport à la question du bonheur, qu'ils sont, pour parler comme l'un de ses meilleurs interprètes, Jean-Pierre Dupuy, « lexicographiquement premiers » : quand on regarde à la lettre « A » dans un dictionnaire, on épuise tous les mots de cette section avant de passer à la lettre « B » ; les mots commençant par « Az » viendront toujours avant ceux commençant par « Ba ». De la même manière, les droits de l'homme doivent passer avant toute espèce de considération de paix sociale ou de désordre.

Au contraire, dans la mesure même où le deuxième pilier de l'utilitarisme prend en compte la somme globale de bonheur dans l'univers, il conduit forcément à accepter dans certains cas le sacrifice d'un innocent, l'injustice pouvant, dans certaines circonstances, entraîner moins de souffrance qu'un désordre. Si c'est seulement le bonheur du plus grand nombre qui compte, il faut parfois savoir sacrifier quelques innocents : question de calcul, de pour et de contre, pas de principe. Aux yeux des utilitaristes, passé un certain seuil quantitatif, un désordre peut être bien pire qu'une injustice, et la devise *Fiat justicia pereat mundus* devient absurde. On retrouve d'ailleurs cette idée dans de nombreuses scènes de western dans lesquelles le shérif fait rempart de son corps pour protéger *jusqu'à un certain point* un prisonnier que la foule s'apprête à lyncher. Jusqu'à un certain point, car au moment où il constate que la ville risque d'être mise à feu et à sang, il laisse, à regret mais quand même en conscience, la foule déchaînée forcer la porte et s'en prendre au malheureux. Le raisonnement utilitariste n'en est pas moins cohérent : si la somme de malheur qu'entraîne la lutte contre l'injustice (la protection de l'innocent) est plus grande – les troubles et la bataille entre les manifestants entraînant plus de malheur que le sacrifice d'un seul individu –, alors il n'est pas absurde de sacrifier l'innocent.

John Rawls reprochera ainsi à l'utilitarisme d'être une doctrine « holiste » (du grec *holos*, « le tout »), une doctrine qui privilégie le tout sur les parties, qui préférera sacrifier l'individu (même innocent) au bonheur général de la cité, puisque ce qui compte, encore une fois, c'est la somme *globale* de bonheur dans l'univers. L'opposition, comme on voit, est ici totale avec les visions kantienne/républicaine de l'éthique, où l'injustice est considérée par principe, sans discussion possible, comme moralement pire qu'un désordre.

« Si la somme de malheur qu'entraîne la lutte contre l'injustice ou la protection d'un innocent est trop grande, les troubles et la guerre entraînant plus de malheur, alors il faut sacrifier l'innocent. »

TROIS GRANDS THÈMES : L'EUTHANASIE, LE LIBÉRALISME ET LE DROIT DES ANIMAUX

C'est donc à partir de ces quatre piliers qu'on va assister, dans le monde anglo-saxon, au développement d'une morale appliquée, et ce à travers des centaines, voire des milliers d'ouvrages qui, pour beaucoup, tournent autour de trois grands sujets – l'euthanasie, le libéralisme et le droit des animaux. Il y a d'autres thèmes, bien sûr, mais ceux-là sont particulièrement intéressants pour les utilitaristes. On y voit comment ces derniers soutiennent en dernière instance une théorie d'ordre économique : une arithmétique du bien-être, une théorie du calcul des plaisirs et des peines, l'*Homo œconomicus* ou l'« individualisme méthodologique », comme disent les sociologues, se profilant toujours en arrière-fond de leur doctrine. Disons quelques mots de la façon dont ces trois grands sujets de morale appliquée sont en général abordés dans les doctrines utilitaristes.

La légalisation de l'euthanasie

D'abord, l'euthanasie. Les utilitaristes ont toujours été à l'avant-garde des mouvements favorables à la légalisation de l'euthanasie, voire du suicide assisté pour des motifs philanthropiques. Pourquoi ? Parce qu'à partir du moment où la somme des souffrances l'emporte de très loin sur la somme des joies dans l'existence, et dès lors que cette victoire de la souffrance sur la joie est irréversible (quand on sait, par exemple, que l'état du malade ne s'arrangera pas), on doit considérer que la vie ne vaut plus la peine d'être vécue, la joie et les plaisirs qui lui conféraient tout son sens ayant disparu. Si on opte, au contraire, pour une morale de la liberté, il peut en aller tout autrement : vous pouvez considérer que la souffrance n'est pas l'essentiel, que celle-ci ne retire pas toute sa signification à l'existence, ni toute dignité à celui qui souffre. Même très malade, vous pourrez faire quand même du bien aux autres, continuer par exemple à aimer vos enfants, et eux aussi peuvent continuer de vous regarder comme un être humain à part entière. En revanche, si vous estimez, avec les utilitaristes, que seul le bonheur constitue la finalité ultime de l'existence humaine, alors, à partir du moment où vous savez qu'il n'y aura plus aucune joie dans votre existence, que vous êtes irrémédiablement cloué au lit, que la maladie vous terrassera dans quelques mois ou dans quelques années sans qu'il vous soit donné de guérir, alors oui, le suicide assisté paraît devoir être autorisé.

On notera au passage qu'en Allemagne cette vision des choses a été fort mal perçue, l'euthanasie restant largement associée dans les esprits au souvenir des nazis qui n'hésitèrent pas à « euthanasier » plusieurs catégories de la population comme les handicapés, les fous, etc., au sein de l'opération dite « T4 ». Aussi, quand, dans les années 1980, Peter Singer fit une tournée de conférences outre-Rhin pour défendre l'euthanasie et l'avortement (également interdit en Allemagne pour les mêmes raisons), le malheureux se fit littéralement insulter partout où il se présentait, de sorte qu'il fut pratiquement privé d'audience dans les universités, d'où il était littéralement jeté par des mouvements curieusement plutôt de gauche. Où l'on voit à quel point, sur des sujets de cet ordre, les traditions philosophiques peuvent diverger et avoir des effets très concrets sur le plan quotidien, mais aussi politique.

« À partir du moment où vous savez qu'il n'y aura plus aucune joie dans votre existence, que la maladie vous terrassera sans qu'il vous soit donné de guérir, alors oui, le suicide assisté apparaît aux utilitaristes comme devant absolument être autorisé. »

La logique libérale ou les abeilles vicieuses de Mandeville

Deuxième grand sujet : la défense libérale de l'*Homo œconomicus*, c'est-à-dire d'une politique de l'intérêt, qui résulte directement de la vision du monde utilitariste, ou de l'idée qu'en économie il faut laisser les humains rechercher librement leurs intérêts, la poursuite par chacun de ses intérêts particuliers concourant au bien général. Cette conception est au cœur de la théorie libérale du marché, le fameux « laissez faire, laissez passer », au centre, donc, des théories de la « main invisible ». Elle correspond en sociologie à ce qu'on appelle l'« individualisme méthodologique ». Cela permet au passage de comprendre les raisons philosophiques pour lesquelles le monde anglo-saxon a toujours été culturellement beaucoup plus libéral que la France et, du coup, bien mieux adapté qu'elle à la logique de la mondialisation. Dans la République française, l'honneur de la politique réside, depuis les jacobins et même bien avant – peu importe du reste qu'ils soient de gauche ou de droite, gaullistes, socialistes ou communistes –, toujours dans le volontarisme, dans l'interventionnisme : il faut que l'État intervienne dans la société civile pour en corriger les défauts. Dans le monde anglo-saxon, au contraire, on part du principe que la libre poursuite des intérêts de chacun dans la société civile contribue au bien commun et que, si elle doit être encadrée par l'État, elle n'a surtout pas à être pilotée par lui.

« En économie, il faut laisser les humains rechercher leurs intérêts, la poursuite par chacun de ses intérêts particuliers concourant au bien général. »

La Fable des abeilles de Mandeville, ce petit texte plein d'humour anglais, merveilleusement écrit et plein d'intelligence, en fournit l'exemple parfait. Son sous-titre : « Vices privés, vertus publiques » [1], donne le ton. Il constitue en fait la première matrice de toutes les théories de la main invisible puisque sa thèse majeure en est le cœur : c'est par les vices privés, par la poursuite des intérêts les plus égoïstes, qu'on arrive finalement au bien commun, à la « vertu publique ». Mandeville commence par décrire une ruche vicieuse, une ruche où les abeilles n'agissent jamais de manière généreuse et gratuite : vicieuses jusqu'au bout de leurs ailes et de leurs pattes, elles ne font que poursuivre leurs intérêts les plus ignoblement égoïstes. Au passage, Mandeville en profite évidemment pour peindre un tableau au vitriol de la société anglaise de son époque, tableau très drôle où l'auteur dresse toutes sortes de portraits – avocats et hommes politiques, banquiers et serviteurs se retrouvant ainsi habillés pour l'hiver. Mandeville les décrit comme des « gens tout à fait comme il faut », comme des êtres, en apparence, pleins de vertu, qui se préoccupent tous du bien commun, mais qui, en vérité, sont de beaux salauds ne veillant jalousement que sur leurs intérêts les plus particuliers et les plus inavouables ! Du point de vue du tout, de l'ensemble, toutefois, cela marche très bien. Tous ces bourgeois avides de luxe font vivre les drapiers, les tisserands, et même les marins qui vont chercher épices et tissus dans les colonies, sans compter les nombreux serviteurs qui les habillent et dont ils ont besoin. Au bout du compte, cette ruche vicieuse, qui recèle bien sûr de nombreuses inégalités, n'en est pas moins prospère – d'où le sous-titre : « Vices privés, vertus publiques ». Il y a une richesse des nations vicieuses.

Jusqu'au jour où la plus vicieuse des abeilles, la plus hypocrite entre toutes, invoque Jupiter, naturellement par pur souci des faux-semblants : « Que ce serait bien, s'écrie-t-elle, si nous étions vertueuses ! », « comme j'aimerais, moi qui suis si vertueuse, que toutes les autres abeilles le soient aussi » ! Jupiter, qui en a par-dessus la tête de ces abeilles hypocrites, la prend au mot. Il décide alors de la punir… en exauçant son souhait ! Et voilà que, d'un seul coup, toutes ces abeilles vicieuses deviennent des sortes de sœur Emmanuelle uniquement soucieuses du sort des autres. Que va-t-il se passer ? C'est très simple, la ruche va dépérir et mourir rapidement. Pourquoi ? Vous savez, par exemple, que les ruches ont besoin de garder du miel et de la cire pour l'hibernation, pour que les larves aient de quoi se nourrir dans les alvéoles. Mais, par générosité, les abeilles vertueuses ont tout donné, elles ont tout dépensé. Résultat : les larves meurent, mais, au passage, les métiers qui vivaient du luxe et de la richesse des bourgeois disparaissent aussi, et tout le monde se retrouve au chômage. Pour finir, la ruche, ayant dilapidé ses richesses, ne passera pas l'hiver et finira par s'éteindre.

Nous voyons là, sous une forme humoristico-ironique, une doctrine qui justifie en fait très sérieusement la doctrine libérale de la non-intervention de l'État, qui disqualifie le gouvernement de la vertu, si cher aux révolutionnaires français, au profit du fameux « laissez faire, laissez passer » de la poursuite des intérêts privés, bref, une doctrine qui constitue la matrice philosophique des théories libérales. À nouveau, on comprend sans doute ici une des raisons pour lesquelles les sociétés anglo-saxonnes s'adapteront beaucoup mieux que la France à la mondialisation, leur philosophie politique et leur conception libérale de l'économie étant enracinées dans une vision morale du monde. Il faut avoir cela en tête pour comprendre la puissance de cette vision utilitariste de l'éthique, pour comprendre qu'il ne s'agit pas d'une doctrine parmi d'autres, mais d'une clé de compréhension de cette tribu un peu étrange, pour nous, qu'est la tribu anglo-américaine.

« C'est par les vices privés qu'on parvient finalement à la vertu publique. »

Le welfare *animal ou la fin de l'anthropocentrisme*

Dernier point important, déjà en partie évoqué : l'utilitarisme se préoccupera dès l'origine du droit et de la protection des animaux. Ce thème du *welfare* ou du bien-être animal se décompose en quatre idées que je me contenterai ici d'indiquer – je les ai développées dans un autre livre, *Le Nouvel Ordre écologique* (Grasset, 1992).

I. Le progrès des démocraties consiste non seulement dans l'égalisation des conditions, mais aussi dans l'intégration progressive dans le droit commun d'êtres qui en étaient exclus dans le monde ancien –, un thème développé par Jeremy Bentham, mais aussi par Henry Salt, John Stuart Mill et beaucoup d'autres. Je rappelle à cet égard que Stuart Mill était un grand ami de Tocqueville, lequel écrivait d'ailleurs dans sa revue. La notion d'égalisation des conditions est utilisée ici pour soutenir l'idée que, après l'émancipation des esclaves, après l'octroi progressif de droits aux femmes, aux enfants, aux malades mentaux, aux étrangers, etc., le tour des animaux devrait enfin venir (voyez, sur ce point, l'extrait cité plus loin de l'œuvre de Bentham) [2]. La progression démocratique consiste, en effet, à intégrer peu à peu dans la protection par le droit des sujets qui en furent longtemps exclus. Or, de même qu'on hurlait de rire au XVIIIe siècle rien qu'à évoquer un éventuel droit de vote pour les femmes, alors qu'aujourd'hui il nous paraîtrait scandaleux qu'elles en soient exclues, de même, si envisager un droit des animaux fait encore ricaner quelques imbéciles, remarque Peter Singer, il s'imposera comme une évidence absolue avant longtemps. Les animaux souffrent et on ne saurait leur infliger n'importe quelles tortures. Progressivement, l'animal sera donc lui aussi intégré au droit, comme le veut la logique démocratique. Cette idée me semble beaucoup plus profonde qu'il peut y paraître à première vue en France. Elle se vérifie de jour en jour, pour une large part au moins, dans les pays occidentaux. En Chine, on arrache encore la peau des chiens ou des chats vivants ; en Occident, non seulement cette pratique est proscrite, mais la transgression de cet interdit susciterait un véritable tollé : elle serait à vrai dire passible des tribunaux.

II. Si l'intérêt fonde la morale, alors la souris, explique Singer (voir, là aussi, les extraits cités plus loin), a elle aussi « intérêt » à se voir épargner les coups de pied quand elle traverse un chemin de campagne [3]. Pour le caillou, ce n'est pas grave, mais il en va autrement pour un être vivant, quel qu'il soit. On la traitera donc convenablement, en s'appuyant sur ce principe fondamental de l'égalitarisme cher à l'utilitarisme : un intérêt est un intérêt, quel que soit l'être dont il est l'intérêt.

« Les utilitaristes ne revendiquent pas un droit des arbres, comme le font certains écologistes radicaux, mais ils le réclament pour les animaux. »

III. La troisième idée tient en un mot, calqué sur ceux qui l'ont précédé dans la marche des démocraties : l'antiracisme et l'antisexisme. Il s'agit de ce que Peter Singer appelle « l'anti-spécisme ». En fait, selon Singer, si nous accordons des droits aux humains et pas aux animaux, c'est que nous privilégions notre espèce, comme on a longtemps privilégié le sexe masculin sur le féminin ou la race blanche sur la race noire. Or, ce privilège accordé aux humains sur les animaux est tout aussi insensé, déraisonnable et immoral. Il ne peut se fonder ni sur l'intelligence, ni sur le langage, par exemple, attendu qu'un chimpanzé adulte est infiniment plus intelligent et plus « communicant » qu'un nourrisson ou qu'un enfant profondément débile. C'est donc bien, selon les utilitaristes, par pur « racisme » humain (par spécisme) que nous continuons de maltraiter les animaux.

IV. D'où l'idée, et c'est le quatrième et dernier point, que nous allons vivre la fin de l'anthropocentrisme, la fin de cette conviction absurde selon laquelle seul l'homme serait un sujet de droit. Nous touchons là un thème qui a pris une très grande importance dans l'écologie contemporaine, à savoir le mouvement de fond qui consiste à accorder des droits à des « animaux non humains », pour reprendre la formule des utilitaristes. L'humain n'est donc plus seul à apparaître comme un sujet de droit, puisqu'il existe des êtres de nature, ou considérés comme tels depuis toujours, qui peuvent se voir eux aussi protégés par des lois. On s'achemine ainsi vers une extension du droit à la nature elle-même. Les utilitaristes ne revendiquent pas un droit des arbres (sauf à démontrer qu'ils souffrent, mais la science ne va pas dans ce sens), mais ils le réclament en revanche d'évidence pour les animaux.

Je ne suis guère utilitariste, mais je crois que nous aurions tort, nous Français, de continuer à ignorer presque tout de cette doctrine philosophique aux conséquences si profondes dans le monde anglo-saxon. Elle permet de saisir en retour à quel point il est difficile, pour un Américain ou un Anglais nourri au biberon de pensées utilitaristes, de comprendre notre conception de la laïcité, de l'idée républicaine ou plus encore, peut-être, de saisir les principes fondamentaux de la morale kantienne. En vérité, nous avons là un très beau débat entre deux visions morales du monde – toutes deux laïques et universalistes –, mais qui s'opposent radicalement sur l'analyse de la subjectivité humaine. Deux visions divergentes de l'humanisme, donc, mais fortes de deux grandes traditions politiques, le républicanisme d'un côté, la démocratie libérale de l'autre. Les points de passage, bien sûr, sont grands entre les deux : nos républiques européennes sont elles aussi, à bien des égards, des démocraties libérales. Reste que les points d'opposition sont aussi très forts et que, pour les comprendre, le détour par la philosophie est indispensable.

LA PHILOSOPHIE EMPIRISTE

Abordons maintenant le deuxième volet de la pensée anglo-saxonne : le volet empiriste. Ce sera un peu plus difficile, car l'empirisme est davantage une théorie de la connaissance qu'une vision morale ou politique du monde – et la connaissance est toujours plus abstraite que l'éthique. Je vais cependant m'efforcer d'être tout à fait clair, en reprenant les choses à la racine. Comme je vous le disais, les empiristes sont, la plupart du temps, des utilitaristes sur le plan moral et politique, même si on relève des différences entre David Hume, le plus grand empiriste anglais (en fait, écossais), et Jeremy Bentham. Corrigeons, une fois de plus, les erreurs de lecture trop souvent commises en France. En effet, on croit volontiers que l'empirisme serait une doctrine « réaliste », relevant du bon sens et que, par comparaison avec tous ces philosophes idéalistes, platoniciens, cartésiens ou kantiens qui règnent sur le continent, on aurait enfin des penseurs qui ont la main dans la glaise, qui aiment les faits, le pragmatisme de l'expérience, etc. On associe toujours les Anglo-Saxons au goût du « factuel », les Français ou les Allemands étant supposés plongés dans la théorie et les idées a priori. Nous allons voir qu'à bien des égards c'est tout l'inverse et que l'empirisme relève de tout ce qu'on veut, sauf du bon sens : c'est une doctrine qui prend à contre-pied presque toutes les idées reçues par la « conscience commune ».

L'empirisme conduit souvent à des conclusions sinon délirantes, en tout cas totalement contre-factuelles ou, comme on dit, « contre-intuitives » – prenant à contre-pied nos intuitions premières, notamment lorsqu'il conduit, comme on va voir, vers un idéalisme radical, celui de Berkeley, un immatérialisme total ou un scepticisme radical comme celui de Hume. Les empiristes les plus rigoureux, ceux qui poussent jusqu'au bout la logique de la doctrine, sont à la fois idéalistes et sceptiques. On s'attendait à une belle théorie de la science, factuelle, pragmatique et réaliste ? On obtiendra très exactement l'inverse.

Mais n'anticipons pas et voyons d'abord un peu à qui nous avons affaire.

Les grandes figures de l'empirisme : Locke, Berkeley et Hume

Un mot rapide, donc, sur les grands philosophes empiristes. Le premier d'entre eux, c'est évidemment John Locke, qui vécut en plein XVIIe siècle (1632-1704), une période qui correspond partout en Europe à la naissance de la philosophie moderne. Locke vient juste après Descartes (il en est, à peu de chose près, le contemporain) et on lui doit un livre qui aura une importance considérable dans la tradition anglo-saxonne, son fameux *Essai philosophique sur l'entendement humain* (1748). John Locke fut également un des pères fondateurs de la pensée libérale, en économie comme en politique. L'empirisme est aussi représenté par un évêque, George Berkeley, qui écrivit un célèbre dialogue, le dialogue entre Hylas et Philonous, publié en 1713. Hylas signifie en grec le « matérialiste » (de *hylè*, la « matière »), tandis que *Philo-nous* désigne « celui qui aime (*philo*) l'esprit (*noûs*) », l'idéaliste, donc. Ce texte aura une portée considérable, non seulement en Grande-Bretagne, mais sur toute la philosophie continentale autant qu'américaine. Enfin, le plus génial d'entre tous les empiristes reste le philosophe écossais David Hume (1711-1776). Hume publie notamment, en 1739-1740, un livre fondamental, le *Traité de la nature humaine*.

Ces premiers empiristes sont encore aujourd'hui les maîtres à penser de la philosophie anglo-saxonne contemporaine. Au point qu'on retrouve une bonne part de leurs interrogations dans ce qu'on appelle la *philosophie analytique* par opposition à la philosophie dite « continentale », celle-ci renvoyant, pour l'essentiel, à la philosophie allemande et française.

LE PRÉSUPPOSÉ FONDAMENTAL DE L'EMPIRISME : L'HOMME EST AU DÉPART UNE « PAGE BLANCHE », UNE « STATUE DE CIRE »

L'empirisme part d'un présupposé fondamental que John Locke a exposé dans son *Essai philosophique sur l'entendement humain*. On le trouve dans la deuxième partie du Livre I (au chapitre premier). Locke y pose ce qu'on peut considérer comme la pierre angulaire de la philosophie empirique : « Supposons, écrit-il, qu'au commencement, l'âme est ce qu'on nomme une table rase » – en anglais *a white paper*, une « page blanche » : la métaphore n'est pas tout à fait la même – ; « Supposons qu'au commencement », donc, « l'âme est ce qu'on nomme une page blanche, vide de tout caractère [autrement dit : sans lettre imprimée], sans aucune idée, quelle qu'elle soit. Comment en vient-elle à avoir des idées ? » *That is the question !* Telle est la question, en effet. Comment, en partant d'une « statue de cire », se demande, dans le même sens, Condillac (1715-1780), le grand « sensualiste » ou empiriste français du XVIIIe siècle qui prend, lui, l'exemple de la cire, parce que cette dernière va recevoir des caractères, au sens que le mot a dans l'imprimerie, des caractères qui s'imprimeront dans la matière molle –, d'une table rase, d'un papier vierge ou d'une page blanche, va-t-on parvenir à un sujet humain capable d'avoir des idées, de construire des doctrines scientifiques et de réfléchir ? Bref, comment passe-t-on de cette passivité initiale à l'activité de l'esprit ?

Dans les termes de John Locke : cette âme, qui est un *white paper* au départ, « d'où puise-t-elle les matériaux qui sont comme le fond de tous les raisonnements et de toutes les connaissances » ? À cela, il répond d'un mot : « l'expérience ». Pour les empiristes, tout commence avec l'expérience et tout s'y réduit, contrairement à ce que pensait Kant, pour qui tout commence avec l'expérience, mais tout *ne vient pas* de l'expérience.

> *« Supposons qu'au commencement l'âme est ce qu'on nomme une page blanche, vide de tout caractère, sans aucune idée, quelle qu'elle soit. Comment en vient-elle à avoir des idées ? » (Locke)*

D'où, encore une fois, le problème fondamental de l'empirisme : comment expliquer qu'un esprit parfaitement passif au départ gagne de l'activité, acquière la capacité de réfléchir et d'élaborer des théories ? Comment passe-t-on de la passivité de la statue de cire qui, comme l'écrit Condillac, est « odeur de rose » si on pose une rose à côté d'elle, parce qu'elle est envahie par les sensations, comment passe-t-on de cet esprit qui est une terre vierge à un esprit actif ?

Vous allez voir, à travers ses réponses, que l'empirisme tend, d'un côté, vers un *idéalisme total*, du moins chez

Berkeley et Hume, et, d'un autre côté, vers un *scepticisme absolu* [1]. Philosophie idéaliste et sceptique, donc, mais aussi *déconstructionniste* avant la lettre (ce terme désignant ici la critique des idées métaphysiques). L'empirisme va en effet tenter de *déconstruire* radicalement la tradition métaphysique héritée de Platon et Descartes.

LE TYPE IDÉAL DE L'EMPIRISME

Mais entrons vite dans le vif du sujet.

Comme pour l'utilitarisme, je vous présenterai un type idéal de l'empirisme. S'il existe, là encore, des divergences entre ses différents penseurs, ces dernières s'inscrivent toutefois, ici aussi, à l'intérieur de ce type idéal commun. Pourquoi procéder par type idéal ? Notamment parce que cette approche permet justement de situer les débats qui s'installeront au sein d'une même tradition de pensée. Dans ce type idéal de l'empirisme, je distinguerai, comme pour l'utilitarisme, quatre principales caractéristiques, quatre grands traits qui forment un socle commun à partir duquel les divergences elles-mêmes deviennent intelligibles.

Première caractéristique : toutes nos idées proviennent de l'expérience

Premier trait caractéristique de ce type idéal, celui qu'on vient d'apercevoir chez John Locke : non seulement tout commence *par* l'expérience, mais tout provient aussi *de* l'expérience. Tel est donc le défi que les empi-

1. Cette ligne de pensée sera reprise, en Allemagne, par des penseurs importants de la tradition sceptique comme Gottlob Ernst Schulze, un disciple de Hume, qui écrit un ouvrage, au demeurant plus que talentueux, intitulé l'*Ænesidème*, du nom d'un ancien sceptique, ou encore Jacobi, lui aussi passionné par la pensée de Hume. Les travaux de David Hume connaîtront ainsi une véritable postérité outre-Rhin.

ristes entreprennent de relever (défi à mon sens impossible, on verra pourquoi plus tard, mais essayons dans un premier temps de le comprendre). Contre Platon et Descartes, l'empirisme soutient que l'esprit ne recèle à l'origine ni idées innées, ni aucune faculté, aucune disposition naturelle originelle, bref, aucune activité propre précédant l'expérience qui, ne fût-ce que sous forme embryonnaire, pourrait se développer par la suite. La thèse fondamentale consiste ici à affirmer que nous n'avons ni faculté ni disposition originaire susceptible de contenir les germes d'une activité de l'esprit, rien qui ressemble à ce que Kant nommera les « concepts a priori ». Pour les empiristes, l'esprit est une terre vierge, une feuille blanche dépourvue de facultés, au sens où Kant parle des facultés telles que la raison, l'entendement, l'imagination, etc. Les empiristes veulent montrer que toute activité de l'esprit provient de l'expérience. Voilà précisément pourquoi l'empirisme se présente d'abord comme une déconstruction, comme une critique des illusions de la métaphysique platonicienne, cartésienne ou, plus tard, kantienne. Une déconstruction que l'on retrouvera encore aujourd'hui dans la philosophie analytique anglo-saxonne, mais aussi chez des philosophes comme Richard Rorty (1931-2007), qui s'est justement efforcé de faire la synthèse entre le déconstructionnisme européen (celui de Heidegger tel que Derrida l'a popularisé dans les universités américaines) et le déconstructionnisme d'origine empiriste.

> *« L'esprit est dépourvu de facultés, au sens où Kant parle des facultés telles que la raison, l'entendement ou l'imagination. Les empiristes tentent de montrer que toute activité de l'esprit provient de l'expérience... »*

Deuxième caractéristique : un point de vue nominaliste et sceptique

Deuxième caractéristique : non seulement il n'y a pas d'idées innées, mais il n'y a pas, de toute façon, d'idée générale. Les idées prétendument générales – l'idée de triangle, de chien, de table en général – sont de pures fictions. C'est ce qu'on appelle le *nominalisme*. Pourquoi ? Parce que la thèse des empiristes (on la rencontre chez Berkeley aussi bien que chez Hume) tient que les idées générales ne sont que des noms vides. Prenons tout de suite un exemple concret. Essayez donc de vous représenter un chien en général, vous m'en direz des nouvelles : c'est impossible ! Chaque fois que vous essayerez de le faire, soit vous aurez un nom vide, tout à fait flou, le simple mot « chien » sous lequel on ne se représente rien de précis, soit, dès que vous tenterez de vous représenter quelque chose d'un peu concret sous ce nom vague, vous y mettrez un chien particulier, un caniche, un épagneul, un labrador de telle taille, telle couleur, etc., que vous emprunterez à vos souvenirs. Plus vous l'imaginerez précisément, plus vous donnerez du corps à l'idée générale, et plus vous vous apercevrez qu'il ne s'agit pas du tout d'une idée générale, mais d'une image tout à fait particulière. De même pour l'idée de triangle ou de table. Vous ne pouvez pas vous représenter un triangle en général, mais uniquement un triangle de telle dimension, de telle configuration : isocèle, rectangle, etc. Ce point est capital pour comprendre la théorie empiriste de la connaissance.

« Les idées générales ne sont que des noms vides : sous le nom "chien", vous mettrez forcément un chien particulier, un caniche ou un épagneul, par exemple… »

Prétendre qu'il n'existe pas d'idée générale, qu'est-ce à dire au juste ? Premièrement, qu'il n'y a que des idées particulières, précises, concrètes, empiriques. Deuxièmement, qu'il n'y a que des idées situées dans le temps, puisqu'elles sont toutes incarnées dans ma conscience, elle-même toujours plongée dans le temps. Si vous y réfléchissez bien, vous comprendrez qu'affirmer que toutes nos idées sont à la fois particulières et temporelles conduit tout droit au scepticisme. Kant ne manquera d'ailleurs pas de le relever, car cela signifie tout simplement qu'il n'y a pas d'idée qui vaille universellement, *en tout temps et en tout lieu.* Si les idées sont toujours particulières, s'il n'y a pas de loi ou d'idée générale valables pour tous les êtres humains et s'il n'y a pas d'idée qui vaille en dehors du temps, puisqu'elles sont toutes situées dans le temps de ma conscience, alors toutes les prétendues lois de la science ne sont jamais que subjectives, relatives aux sujet particulier et temporel qui les énonce.

On voit donc déjà par quel biais les empiristes vont s'acheminer vers une théorie sceptique selon laquelle toutes les lois scientifiques étant par définition situées dans le temps et la particularité du sujet qui les pense, elles ne sauraient en aucun cas prétendre valoir pour tout le monde, en tout temps et en tous lieux : il n'y a pas de loi universellement valable, pas de vérité qui transcende le temps et l'espace, pas de loi qui vaille pour l'humanité tout entière, mais seulement des représentations relatives à des sujets toujours particuliers et immergés dans l'histoire. On peut certes croire que ces idées ou ces lois existent, mais c'est justement une pure croyance, pour ne pas dire une illusion. La déconstruction de cette illusion doit être au cœur du travail philosophique.

> *« S'il n'y a pas d'idée générale, pas de loi valable pour l'humanité tout entière, l'empirisme conduit tout droit au scepticisme. »*

Troisième caractéristique : le monde se réduit à nos représentations

Troisième caractéristique : de même que l'empirisme conduit au scepticisme là où l'on aurait pu s'attendre à ce qu'il débouche sur une justification de la science, de même, loin d'être réaliste (il prétend pourtant partir de l'expérience, du réel), l'empirisme tend toujours vers un *immatérialisme* – vers l'idée qu'il n'y a pas de choses en soi, rien qui existe en dehors des représentations. Pour les empiristes les plus radicaux, le monde, à la limite, n'existe pas : il n'y a que des représentations, toute la question étant justement d'expliquer l'illusion de la matière.

L'argumentation, développée par Berkeley dans son dialogue entre Hylas (l'ami de la matière, le matérialiste) et Philonous (l'ami de l'esprit, l'idéaliste) est assez simple à comprendre, mais curieusement bien plus difficile à réfuter qu'on ne le croit d'ordinaire. Essayons d'en préciser le sens. D'abord, qu'est-ce, au juste, qu'une représentation ? Cela peut être une idée, une image ou une perception (du chien, de la table), peu importe. Ce qui importe, en revanche, c'est que dans tous les cas de figure une représentation désigne un état de conscience, elle désigne la chose telle que nous l'avons, si je puis dire, dans notre esprit, « dans notre tête ». Je peux, par exemple, imaginer un chien alors même qu'aucun chien ne se trouve dans ce studio. J'ai néanmoins l'image du chien en tête, certes plus ou moins précise ou concrète, mais elle est en quelque sorte « en moi ». Il m'est également possible d'avoir l'idée du chien, soit la définition du chien, une bête à quatre pattes qui aboie, etc. Je peux donc me former une image ou une idée du chien. Je peux aussi le percevoir : si un chien entrait dans la pièce, je m'en apercevrais. Il n'en serait toujours pas moins un « chien pour moi », un chien dans ma représentation, dans ma perception en l'occurrence. Il m'est même possible d'avoir la sensation du chien : s'il sent mauvais (ce qui est généralement le cas, pardon aux propriétaires de chiens !), il halète, il aboie, fait du bruit en marchant : cela ne m'échappera pas non plus, mais continuera d'être si l'on peut dire « dans mon esprit » sous forme d'états de conscience. Nous avons donc des représentations. Et dans toutes ces représentations, qu'il s'agisse d'idées, d'images, de souvenirs, de perceptions ou de sensations, il y a toujours deux moments : la conscience d'objet et la conscience de soi.

> *« Pour les empiristes les plus radicaux, le monde n'existe pas : il n'y a que des représentations. »*

La conscience d'objet et la conscience de soi

La *conscience d'objet*, c'est la conscience que j'ai du chien sous forme d'idée, d'image, de perception ou de sensation, peu importe : j'ai conscience de l'« objet chien », de la table, de la lampe, etc. (sous les formes que je viens d'évoquer et quelques autres encore) ; mais, en même temps que la conscience du chien, de l'objet dont je me forme une représentation, j'ai toujours aussi conscience de moi-même comme par surcroît – conscience de moi ayant conscience du chien. Quand je pense à un chien, je sais (en plus) que je pense à lui. Il y a donc conscience d'objet et conscience de soi, mais tout cela n'en reste pas moins toujours à l'intérieur de ma représentation. La conscience que j'ai de moi-même et la conscience que j'ai de l'objet (du chien, en l'occurrence) sont en quelque sorte englobées dans cette représentation. Celle-ci forme comme une bulle à l'intérieur de laquelle il y a l'« objet pour moi » (ce que Kant appellera le « phénomène ») et aussi le « moi pour moi », si je puis dire, ou la *conscience de soi* (le sujet pour moi, le sujet pour lui-même).

On demeure toujours dans le *pour-soi*, la conscience d'objet et la conscience de soi étant toujours enfermées au sein de cette bulle qu'est la représentation. Une bulle dont, selon Berkeley, on ne sort jamais : impossible de sortir de la représentation, de sauter au-dehors pour aller voir comment se porte le chien « en soi », le chien en dehors de la représentation que j'en ai ; impossible de savoir à quoi il ressemble hors de celui qui l'observe. Par définition, je ne vois jamais le chien en soi. Jamais. Chaque fois que j'y pense, chaque fois que je le perçois, le sens ou l'imagine, il reste un chien pour moi. Je vois le phénomène, l'objet pour moi, dans ma représentation, jamais la chose en soi. Par définition même.

> *« Impossible de sortir de nos représentations pour aller voir comment se porte le chien en soi ou savoir à quoi il ressemble. »*

Voici maintenant la conclusion « immatérialiste » ou, si l'on veut, idéaliste, que Berkeley tire de cette analyse de la représentation. Il le dit d'une formule restée célèbre dans l'histoire de la philosophie : *Esse est percipi, aut percipere* ; en bon français : « Être, c'est percevoir ou être perçu. » L'existence se réduit à la conscience. Être, c'est percevoir : je perçois le chien, donc je suis. Être, c'est être perçu : le chien est perçu dans ma représentation, mais, au fond, seules mes représentations ou mes états de conscience existent.

Quatrième caractéristique : l'énigmatique sentiment du réel

D'où le quatrième pilier de l'empirisme, qui va en fait consister – pardon pour le côté Pierre Dac de la formulation – en une série d'interrogations (drôle de pilier…). Comment expliquer le sentiment du réel ? Comment rendre compte de ce qu'on appellera la « passivité » de la représentation, c'est-à-dire du fait que je ne crée pas le contenu de mes représentations ? Quand j'ouvre les yeux sur le monde et que je vois un chien ou une table, ce n'est pas moi qui crée le chien ni la table. Du coup, ne faut-il pas qu'il y ait tout de même quelque chose en soi, une cause extérieure, pour expliquer le contenu de la représentation ? Même si on affirme que nous ne pouvons voir l'objet en soi, au moins pourrait-on accepter que quelque chose de réel a dû forcément être là pour produire la représentation que j'en ai, fût-elle déformée.

La thèse réaliste et la monadologie

À partir de cette problématique empiriste, deux possibilités vont se faire jour.

La première, c'est le *réalisme*, c'est-à-dire l'idée que des choses en soi produisent comme un choc sur notre conscience et sont, en quelque sorte, l'origine ou la cause de nos représentations. Problème : cette hypothèse conduit de toute façon au scepticisme, puisque, dans cette perspective-là (on l'a vu notamment en analysant la théorie cartésienne de la garantie divine), vous ne pourrez jamais sortir de la représentation pour comparer le chien « pour vous » et le chien « en soi ». Pour parler simplement, vous ne saurez jamais si ce que vous voyez coïncide avec la réalité en soi, donc si vos jugements sont vrais ou non.

La seconde possibilité aura la préférence de Berkeley comme de Leibniz : la passivité de nos représentations ne prouverait pas l'existence d'un monde extérieur de choses en soi bien réelles, elle marquerait seulement la limite entre les divers esprits qui peuplent le monde, une forme en quelque sorte d'intersubjectivité. C'est ce qu'on appelle une *monadologie*. Sans entrer dans les détails (cette théorie étant, chez Leibniz comme chez Berkeley, terriblement compliquée), disons seulement que, pour Berkeley, la nature, c'est-à-dire ce qu'on tient d'ordinaire sans y réfléchir pour le monde extérieur, n'est rien d'autre que le langage de Dieu. Celui-ci aurait peuplé le monde de monades ou d'esprits dotés de représentations, et ce que nous ressentons comme une extériorité par rapport à nous ne serait que la limite entre deux subjectivités. Il n'y a pas de choses en soi, mais des représentations qui, pour ainsi dire, se touchent entre elles et nous donnent ainsi, à l'intérieur même de notre subjectivité, un sentiment de passivité et d'extériorité. En vérité, il ne s'agit pas de l'extériorité des choses en soi, mais de simples représentations se limitant les unes les autres – un peu comme dans le système du droit libéral où on pose que ma liberté s'arrête là où commence celle d'autrui.

> *« Pour Berkeley, le monde est une monadologie composée d'une pluralité de sujets qui se donnent réciproquement le sentiment, ou plutôt l'illusion, qu'un monde matériel existe. »*

Aux yeux de Berkeley, il n'y a donc pas de matière et la nature n'existe point comme un réservoir d'objets en soi. C'est ce qu'on appelle, on l'a vu, l'*immatérialisme.* Le monde est une monadologie composée d'une pluralité de sujets, d'esprits, qui se limitent les uns les autres et qui, du coup, se donnent réciproquement le sentiment qu'un monde matériel existe hors de nous. Il s'agit pourtant d'une illusion : rien n'existe matériellement dans tout cela, hormis cet univers de subjectivités qui entretiennent entre elles des relations d'action réciproque dans un système monadologique. Je vous le disais : l'empirisme conduit à des thèses contre-intuitives, voire à des thèses qui, honnêtement, peuvent paraître un peu délirantes… Ce côté délirant posera d'ailleurs un problème à Berkeley lui-même, comme l'a très bien vu Martial Gueroult, un de nos grands historiens de la philosophie. Dans son beau livre sur Berkeley [1], Gueroult montre en effet que notre évêque catholique avait été lui-même effrayé par les conséquences de sa propre doctrine :

1. Martial Gueroult, *Berkeley, quatre études sur la perception et sur Dieu*, Aubier-Montaigne, « Philosophie de l'esprit », 1956.

il avait bien compris que sa théorie allait trop loin. Il avait notamment pris conscience qu'en supprimant l'objet en soi, il supprimait aussi le *sujet en soi*, c'est-à-dire l'âme, ce qui, pour un évêque, peut s'avérer fort inconfortable. Les chrétiens, même empiristes, sont malgré tout attachés à l'idée de l'immortalité de l'âme. Or, à faire du sujet un simple objet de la conscience de soi, à nier l'existence substantielle d'un sujet en soi, il s'ensuit qu'en mourant, nos représentations disparaissant, le sujet disparaît lui aussi. En un mot, l'immortalité de l'âme en prend, si j'ose dire, un sacré coup. De même qu'il faut expliquer l'illusion selon laquelle il y aurait des choses réelles en dehors de nos représentations, de même le malheureux Berkeley se voit obligé, pour préserver la doctrine chrétienne, de rendre compte de l'existence d'un sujet-substance derrière nos représentations. Mais, à cet égard, la doctrine empiriste s'avère être un obstacle insurmontable.

« En mourant, le sujet disparaît avec ses représentations. En un mot, l'immortalité de l'âme en prend un coup… »

Du sujet passif au sujet actif : la solution de Hume

Reste, enfin, l'interrogation la plus importante de toutes, celle que nous avons évoquée au début de cette leçon et sur laquelle je reviens maintenant : comment passe-t-on de la statue de cire passive, de la fameuse page blanche, à un sujet actif, capable d'élaborer des réflexions, des pensées et des jugements, et même des lois scientifiques ? En effet, au départ, comme on l'a dit, la statue de cire (ou la feuille vierge) n'est pas active : elle ne peut ni parler, ni écrire, ni réfléchir. Voyons comment Hume propose une solution à cette question apparemment (et à mon avis aussi réellement) insoluble en élaborant sa fameuse *théorie de la causalité*. Cette théorie est au cœur de la pensée empiriste et elle apparaît chez Hume – à mon sens, le plus profond de tous les empiristes – à son meilleur niveau. Il s'agit donc de savoir comment on passe du sujet vide et impressionné, imprimé par des caractères qui lui viendront de l'expérience, à un sujet capable d'activité intellectuelle autonome [4].

La théorie de la causalité, ou comment sortir de notre bulle de passivité initiale

Chez Hume, le modèle de solution se trouve dans la causalité, car c'est elle qui permettra justement de dépasser activement les représentations et, en quelque sorte, d'en sortir. De quelle manière ce modèle fonctionne-t-il ?

Dans sa *Logique de la découverte scientifique*, Karl Popper présente le raisonnement empiriste avec beaucoup de profondeur, avant, il faut le dire, d'en faire une critique radicale. L'idée fondamentale est la suivante : le raisonnement scientifique fonctionnerait par *induction*. Cela veut dire qu'on commence par observer. La statue de cire, donc, observe (je ne sais pas trop comment, d'ailleurs, car il me semble que, pour observer, il faut déjà de l'activité, mais enfin, supposons par hypothèse qu'elle puisse observer). En observant le monde (ou ce qu'il en reste dans l'empirisme), elle constate des répétitions, des séquences d'événements qui se suivent et se répètent, qui s'associent entre eux régulièrement : le jour succède ainsi à la nuit (sauf quand une éclipse survient, mais le phénomène est rare). De même, l'eau se met la plupart du temps à bouillir autour de 100 degrés (si on est dans les Alpes, il peut certes en aller un peu différemment à cause de la pression, mais, globalement, les observations se suivent et se confirment). Bref, on observe des répétitions. La doctrine empiriste est une doctrine de l'association des représentations. À force de lier progressivement le fait qu'il y ait du feu sous la bouilloire au fait que l'eau se mette à bouillir, on finira par associer les deux phénomènes, on finira par penser que la chaleur cause une eau bouillant, en gros, à 100 degrés. On procède ainsi à des associations et, à force de répétition, la notion de causalité va s'insinuer dans l'esprit et susciter l'apparition d'une forme de « croyance » qu'on appelle la science : je vais me convaincre qu'il y a une loi derrière la répétition, une loi telle, par exemple, que l'eau boue à 100 degrés, de sorte que je vais attendre l'effet qui doit suivre la cause, je vais me mettre à croire que si la cause est là, l'effet doit suivre.

> *« Nous raisonnons par induction. Ayant observé mille fois que le jour succède à la nuit, nous attendons tout naturellement que le phénomène se reproduise : il s'agit d'une nouvelle forme de croyance. »*

Dans cette perspective, la science n'est donc jamais, selon les empiristes les plus rigoureux comme l'est Hume, qu'une forme de croyance parmi d'autres. J'allume le feu sous la bouilloire et, à cause des répétitions observées au fil de l'expérience, je suis persuadé (croyance) que l'eau va se mettre à bouillir. C'est d'ailleurs toujours ce qui se passe.

On voit, à travers cet exemple, comment le principe de causalité permet de sortir de la représentation : nous allons nous attendre à un événement qui n'est pas contenu dans la représentation initiale elle-même, nous allons la dépasser en quelque sorte par la croyance qui porte sur la suite des événements de la séquence déjà observée. Cela revient à dire que nous sortons bel et bien de la représentation par le principe de causalité, mais sous une forme très particulière : la croyance. Je crois que l'eau va se mettre à bouillir. Il ne s'agit pas d'une certitude, puisque j'ignore pourquoi, je l'ai simplement observé. Nous raisonnons, en cela, par induction : ayant observé mille fois que l'eau bouillait autour de 100 degrés ou que le jour succédait à la nuit, j'attends tout naturellement que le phénomène se reproduise. Il s'agit bien d'une expectative, d'une attente. J'attends que les mêmes causes produisent les mêmes effets.

C'est en vertu du principe de causalité que nous anticipons, que nous allons associer la cause « feu » à l'effet « bouillir ». Et ainsi créer une loi scientifique. Voyez bien l'idée, profondément sceptique, de Hume : la loi scientifique selon laquelle le feu est la cause de cet effet qu'est le bouillonnement relève en réalité du registre de la croyance. La science n'est qu'une forme de religion parmi d'autres. Les disciples allemands de Hume traduiront le terme « croyance » par le mot *fürwahrhalten* : tenir pour vrai. Au fur et à mesure de mes observations, je finis par « tenir pour vrai » que l'eau bout à 100 degrés, voilà tout.

La science : une croyance parmi d'autres

Voyez, là encore, à quel point l'empirisme aboutit à une critique du sens commun et de ses convictions habituelles, à une vision du monde profondément déconstructionniste, par où nous avons affaire à une pensée très étonnante. En plein XVIIIe siècle, à l'époque des Encyclopédistes, oser déclarer que la science est une croyance parmi d'autres exige une audace certaine. Alors que les représentants des Lumières françaises ou de l'*Aufklärung* allemande tentent à tout prix de séparer les Lumières et la Science de la religion et de la superstition, il faut même une certaine audace : voilà qu'un sceptique vient annoncer qu'il existerait une religion de la science ne valant guère mieux que les autres croyances. Position d'autant plus surprenante que le mot « empirisme » laissait a priori supposer qu'on allait enfin tenir une bonne et solide doctrine scientifique.

> « *Karl Popper contre les empiristes : Je peux avoir observé des cygnes blancs cent mille fois, cette observation ne prouvera jamais que la proposition selon laquelle "tous les cygnes sont blancs" est vraie. En revanche, la vue d'un seul cygne noir suffit à la réfuter !* »

Karl Popper (à qui je consacrerai une prochaine leçon) donnera justement un nom – le *vérificationnisme* – à cette conception de la causalité liée au raisonnement par induction (j'induis que l'eau va se mettre à bouillir parce que j'ai vu le phénomène se « vérifier » cent fois). Le vérificationnisme, dont Popper va montrer qu'il est totalement illusoire, repose sur l'idée que la science coïncide avec la quête de la vérité, qu'elle recherche toujours des vérifications. Selon Popper, c'est une très grave erreur, une représentation tout à fait fausse de la véritable nature de l'activité scientifique. En réalité, la science authentique ne consiste nullement à accumuler des probabilités, encore moins des certitudes. Au mieux, celles-ci ne fourniront jamais, Hume a tout à fait raison sur ce point précis, même s'il se trompe sur la vraie nature de la science, qu'une pseudo-croyance. Hume avait vu juste à cet égard en tirant de sa propre théorie des conclusions sceptiques. Si on fonde la science sur le raisonnement par induction, alors, en effet, la conclusion sera forcément sceptique. Mais, poursuit Popper, la science ne fonctionne pas ainsi. Elle procède, selon la formule qui donne son titre à l'un de ses principaux ouvrages, par « conjectures et réfutations » : le scientifique formule des hypothèses (des conjectures), puis il invente des tests ou des expériences, non pas du tout pour essayer de les vérifier, mais, tout au contraire, de les réfuter.

Prenons un exemple tout simple, un exemple que Karl Popper donne lui-même : je peux avoir observé des cygnes blancs cent mille fois, cette observation ne prouvera jamais que la proposition selon laquelle « tous les cygnes sont blancs » est vraie. Là, on est typiquement dans la logique du vérificationnisme. Je peux toujours accumuler des observations, cela ne prouvera jamais rien *stricto sensu*. En revanche, il suffit que j'aperçoive un seul cygne noir pour savoir que la proposition « tous les cygnes sont blancs » est fausse. Il y a ici une dissymétrie entre la vérité et l'erreur : si on n'est jamais sûr de la première par des observations, on peut en revanche être tout à fait certain de la seconde. D'où l'idée poppérienne selon laquelle la science ne procède pas par induction, mais par *falsification*, par la réfutation progressive des hypothèses de départ : pour qu'une idée scientifique soit validée, il faut que l'expérience soit à même de la réfuter. Une théorie infalsifiable par l'expérience n'est jamais, par définition, scientifique. Par exemple, la proposition « Dieu existe » n'est pas une proposition scientifique, non parce que je ne peux pas prouver qu'elle est vraie, mais tout au contraire parce que je ne pourrai jamais imaginer une seule expérience qui puisse prouver qu'elle est fausse.

Encore une fois, nous aurons l'occasion de revenir en profondeur sur ce débat tout à fait passionnant, à l'occasion d'une prochaine leçon tout entière consacrée à Popper. En attendant, et pour récapituler ce que nous avons vu en guise de conclusion, je dirai que la philosophie empiriste tend à la fois vers l'immatérialisme, l'idéalisme absolu (la négation du réel en soi) et le scepticisme. Elle va dans le sens d'une déconstruction radicale des illusions du sens commun. Il s'agit en cela d'une doctrine tout à fait originale dans son époque qui, aujourd'hui encore et malgré toutes les critiques qu'on peut lui adresser légitimement, n'en représente pas moins une sorte de défi permanent pour la pensée.

ÉLÉMENTS DE BIOGRAPHIE

Quelques éléments de biographie, d'abord, sur nos trois grands empiristes : Locke, Berkeley et Hume.

Locke (1632-1704) est le fils d'un grand juriste anglais. Il fait ses études secondaires à Londres, à Westminster, puis, comme il se doit, à la prestigieuse université d'Oxford. Il y apprend parfaitement le grec et le latin, mais il y découvre aussi la philosophie d'Aristote – alors dominante à Westminster – découverte qui ne sera pas sans influence sur ses orientations empiristes. Bien qu'anglais, il va vivre l'essentiel de son temps en France et en Hollande, parce qu'il est proscrit par les Stuart. Sa vocation philosophique est assez tardive – elle n'apparaît véritablement que dans les années 1670, Locke s'intéressant d'abord aux sciences naturelles et à la médecine. Dans les années 1660, cependant, il commence à se passionner pour la lecture de Descartes. Guillaume d'Orange l'a nommé Commissaire royal du commerce et des colonies, fonction qui lui permet à la fois de voyager et de réfléchir. Il s'intéresse de plus en plus, par-delà les sciences positives, à la question des fondements de la morale et de la religion, et il en vient à se convaincre que, pour résoudre ces questions difficiles, il faut d'abord comprendre le fonctionnement de l'esprit humain. Après des années d'études et de voyages, il revient en Angleterre où il publie, en 1689 et 1690, les ouvrages qui vont le rendre célèbre et qui, tous, sont d'inspiration empiriste et libérale : *La Lettre sur la tolérance*, les deux *Traités du gouvernement civil* et le monumental *Essai sur l'entendement humain* – ouvrages auxquels Voltaire rendra un hommage plus qu'admiratif dans ses *Lettres philosophiques*, ouvrages, surtout, qui vont influencer Berkeley et Hume et fonder la grande tradition de l'empirisme anglo-saxon.

Berkeley (1685-1753), irlandais d'origine anglaise, est un des plus talentueux et des plus astucieux théoriciens de l'empirisme radical. Il est le fils d'un père issu de la petite noblesse aisée mais provinciale. Il commence ses études en Irlande, au collège de Kilkenny, puis devient étudiant au fameux Trinity College de Dublin. Il entre bientôt dans les ordres, au sein de l'Église anglicane, puis il devient lui-même professeur dans le collège où il était étudiant, et il y enseigne le grec, l'hébreu et la théologie. En 1709, il publie un *Essai en faveur d'une nouvelle théorie de la vision*, qui part des expériences faites par les aveugles-nés qui recouvrent la vue après une opération de la cataracte, une première à l'époque. Les personnes opérées ont le sentiment que les objets « touchent leurs yeux », comme si le monde extérieur n'existait pas, ce qui, aux yeux de Berkeley, est un argument factuel en faveur de son idéalisme radical. C'est en 1713 que paraît son fameux *Dialogues entre Hylas et Philonous*, c'est-à-dire, comme les noms des personnages l'indiquent en grec, entre un matérialiste et un idéaliste. C'est là, nous l'avons vu, qu'il va tout à la fois critiquer les idées de Descartes et démontrer comment l'empirisme radical conduit logiquement à un idéalisme absolu, puisqu'il est par définition impossible de se faire quelque représentation que ce soit d'une réalité « en soi ». Après cette publication, Berkeley voyage beaucoup : en France, en Italie, dans les colonies anglo-américaines, où il remplit un rôle de missionnaire. Il achète en Amérique une plantation et quelques esclaves pour la faire « tourner », expliquant, dans ses sermons adressés aux colons, que le christianisme est favorable à l'esclavage. De retour en Angleterre, il est nommé évêque, toujours bien sûr dans l'Église anglicane. Il publie un livre contre Mandeville et sa *Fable des abeilles*, qu'il juge par trop immorale, puis il s'autoproclame médecin et soigne les malades frappés par une épidémie, en 1740, convaincu qu'il est d'avoir trouvé avec l'« eau de goudron », découverte en Amérique, une sorte de panacée – de remède universel. Il dépense des efforts considérables pour fonder un hôpital, un lieu d'accueil pour les enfants abandonnés de Londres – et il meurt subitement en janvier 1753.

David Hume est à coup sûr le plus puissant et plus profond penseur de cette tradition empiriste. C'est le grand philosophe des Lumières écossaises par excellence, le père fondateur, à bien des égards, de ce qu'on appellera plus tard la philosophie analytique. Par sa critique radicale de la métaphysique classique, notamment du cartésianisme, il aura une grande influence, non seulement sur Kant, mais aussi sur la phénoménologie contemporaine et les pensées de la déconstruction – et ce n'est pas un hasard, par exemple, si Gilles Deleuze lui consacrera un de ses livres majeurs.

Hume est né dans une famille raisonnablement fortunée de la petite noblesse, en 1711. Son père, avocat, mourra trois ans plus tard, de sorte que Hume sera élevé par sa mère et son beau-frère. Il fait d'excellentes études au collège d'Édimbourg, un des plus prestigieux d'Écosse, où il suit l'enseignement de Stewart, un « philosophe » disciple de Newton. Il faut rappeler que, dans la culture anglaise de l'époque, le terme « philosophie » désigne le plus souvent la physique et les sciences naturelles – ce dont Hegel se moque dans ses *Leçons sur l'histoire de la philosophie*. En Angleterre, on ne conçoit la philosophie que comme un appendice des sciences positives. Destiné tout naturellement à devenir avocat, comme son père, Hume traverse bientôt une crise intellectuelle et morale qui le conduit à se détacher du monde ordinaire pour se consacrer tout entier à la philosophie. À vrai dire, il rêve d'être un philosophe reconnu, et même ce qu'on appellerait aujourd'hui un auteur à succès, un penseur « médiatique ». Il voyage beaucoup, notamment en France, où il séjourne trois longues années, à Reims et à La Flèche, là où Descartes, qu'il va tant critiquer, a fait ses études. À vingt-trois ans, il compose son grand livre, un livre qu'il reniera plus tard, mais qui contient déjà ses principales idées et que beaucoup tiennent aujourd'hui pour un chef-d'œuvre : *Le Traité de la nature humaine*, publié à Londres en 1739-1740. C'est un flop éditorial complet, un échec qui déçoit Hume jusqu'au tréfonds de son âme. Il décide alors de poursuivre sa quête du succès en publiant de nombreux essais, plus courts, mieux écrits, plus brillants, bref : mieux adaptés au public cultivé, mais non spécialiste. Il tente de vulgariser sa propre pensée et, en 1758, paraît son *Enquête sur l'entendement humain*, avec un succès relatif, mais néanmoins à double tranchant, puisqu'il lui vaut l'hostilité de l'Église, qui voit dans son scepticisme radical une menace pour la religion. Cette hostilité conduira du reste l'université de Glasgow à lui refuser le poste de professeur auquel il vient de candidater. Il accepte alors un poste de diplomate à Paris, où il deviendra secrétaire d'ambassade, puis chargé d'affaire. En France, son œuvre est bien accueillie. Il est nommé, en 1766, sous-secrétaire d'État à Londres, où il héberge Rousseau, avec qui il s'est lié d'amitié, mais va bientôt se brouiller. Leur rupture alimentera les dîners en ville dans toute l'Europe cultivée. Tout au long de sa carrière diplomatique et politique, il continue de publier une série d'essais sur la morale et la religion. Il retourne en 1769 à Édimbourg et, en 1775, il meurt d'une tumeur de l'intestin, à la tête d'une œuvre appelée à marquer définitivement l'histoire de la philosophie.

Quelques éléments de biographie maintenant sur les grands auteurs de la tradition utilitariste – auteurs dont nous avons vu qu'ils appartenaient aussi, pour une large part, à la tradition empiriste : Jeremy Bentham, Stuart Mill et Henry Sidgwick.

Commençons par Bentham, qui est sans doute le plus intéressant de tous, en tout cas le véritable père fondateur de l'utilitarisme anglais. Jeremy Bentham est né à Londres en 1748 et il y mourra en 1832. Son père, un avocat célèbre, le destine bien évidemment à la carrière de juriste, et ce d'autant plus que le petit Jeremy est un enfant incroyablement précoce. Il commence l'étude du latin à trois ans et on dit qu'à sept son français est déjà excellent. Devenu adulte, il publiera d'ailleurs de nombreux ouvrages directement en français. Il suit alors la voie royale : collège de Westminster et études à Oxford, dont il devient *bachelor* à l'âge de quinze ans. Comme prévu, il devient avocat, en 1769, mais, révolté par l'iniquité du droit existant et ce qu'il appelle lui-même les « chicanes » des avocats, il s'intéresse à la philosophie du droit plus qu'au droit positif, et il en vient à tenter une vaste redéfinition du rôle des systèmes juridiques. Selon lui, ces derniers ne doivent pas avoir d'autre fonction que de défendre les intérêts des justiciables. De là le nom d'utilitarisme qu'il va utiliser pour définir sa doctrine. Les années 1785-1788 sont pour lui l'occasion de voyager un peu partout en Europe : en France, bien sûr, où il va se lier d'amitié avec d'Alembert, l'un des fondateurs de l'*Encyclopédie*, mais aussi en Russie, en Allemagne, en Pologne, en Italie, en Hollande. C'est à son retour qu'il publie son grand livre, en 1789 : *Introduction to the Principles of Morals*. Comme Kant à la même époque, il est en admiration devant la Révolution française, même s'il n'en sous-estime pas les défauts ni les excès. En 1791, il publie un livre qui esquisse un projet de réforme des institutions pénitentiaires, le fameux *Panopticon*, que Michel Foucault commente dans *Surveiller et punir*. En août 1792, la République française naissante lui décerne le titre de citoyen d'honneur. Vers la fin de sa vie, il s'attaque à la rédaction d'un Code constitutionnel et lorsqu'il meurt, en 1832, il lègue son corps à la science afin qu'il puisse, et c'est tout un symbole, être une dernière fois de quelque utilité…

Stuart Mill est né à Londres, en 1806. Il meurt en Avignon en 1873. Bentham sera son parrain, dans tous les sens du terme. Son père, dès sa naissance, a décidé d'en faire un génie, tout simplement. Influencé par les idées de Bentham, notamment son *Panoptique*, et par l'atmosphère intellectuelle utopiste qui caractérise l'époque, le père du petit John choisit de couper son fils du monde extérieur pour l'élever dans des idées qu'il pense être la vérité même : la doctrine économique de Ricardo, l'utilitarisme de Bentham et l'associationnisme empiriste de Locke et de Hume. C'est un peu fou, mais ça ne marche pas si mal : Stuart Mill s'avère être un enfant incroyablement doué et précoce, plus encore peut-être que son illustre parrain. Il commence le grec à trois ans, le latin, la géométrie et l'algèbre à huit ans. On dit qu'à cet âge où nos enfants d'aujourd'hui peinent encore parfois à lire et à écrire, il a déjà lu les plus grands auteurs classiques dans le texte : entre autres, Xénophon, tout Hérodote et six dialogues de Platon. À douze ans, il se met à la logique d'Aristote, qu'il lit bien sûr en grec, ainsi qu'à l'économie politique à travers les œuvres de Ricardo et Smith. En 1822, il entre à la Compagnie des Indes, où travaille son père, et il en deviendra plus tard le directeur. Mais c'est aussi et même surtout par ses articles dans la presse que Mill se rend célèbre. Il va diriger la *Revue de Londres et de Westminster*, dans laquelle il publiera notamment une œuvre majeure de son ami Tocqueville, le fameux article sur « L'état social et politique de la France depuis 1789 », dans lequel Tocqueville résume lui-même de manière synthétique et limpide ses principales idées sur la démocratie et l'Ancien Régime. Stuart Mill a d'ailleurs déjà rédigé, en 1840, un *Essai sur Tocqueville et la société américaine*. À la fin des années 1850, il s'installe en Avignon, où sa femme, qu'il aime infiniment, va mourir d'une congestion pulmonaire. Il publie alors de nombreux ouvrages, *De la liberté*, en 1859, ses *Considérations sur le gouvernement représentatif*, en 1861, *L'Utilitarisme*, en 1863. En 1865, il est élu à la chambre des Communes, où il défend des thèses libérales et féministes, qu'on retrouvera dans son fameux essai de 1869 *Sur l'assujettissement des femmes*, où il s'exprime ardemment en faveur du droit de vote des femmes. Il meurt en 1873 et il est enterré en France, en Avignon.

Henry Sidgwick, enfin, est né en 1838 à Skipton, dans le Yorkshire, en Angleterre. Il mourra à Cambridge, près de son université, en 1900. Presque inconnu en France encore aujourd'hui, il est célèbre dans le monde anglo-saxon, à peu près à l'égal de Descartes ou de Tocqueville chez nous – ce qui montre, cela dit au passage, combien les différences culturelles et les traditions nationales sont puissantes, y compris en matière de philosophie, où l'on s'attendrait à une plus grande circulation des idées. Sidgwick est le fils d'un pasteur anglican, issu d'une famille aisée, pasteur qui est aussi directeur d'une école de garçons de sa ville. Il meurt quand le petit Henry n'est âgé que de trois ans. Élevé par sa mère, consciente que son fils est doué d'une intelligence hors du commun, il fréquente diverses écoles de bon niveau avant d'entrer au célèbre Trinity College de Cambridge, ville où il résidera jusqu'à sa mort. Il y étudie les mathématiques et les humanités, puis il devient lui-même maître de conférences dans ce College en 1859. Il y enseigne surtout la philosophie morale, mais aussi l'économie et la philosophie politique. Il démissionne dix ans plus tard, lorsque la loi exige une profession de foi religieuse qui ne correspond pas à ses convictions. On lui trouvera d'autres tâches d'enseignement, jusqu'à ce que cette loi inique change et qu'on lui restitue son poste, en 1885. En 1874, il publie son grand livre *The Method of Ethics*, puis divers ouvrages sur l'économie et l'éthique, sur la philosophie de Kant, mais aussi sur la morale appliquée (*Practical Ethics*, 1898), thème central dans les doctrines utilitaristes. Il meurt à Cambridge, en 1900.

EXTRAITS

1. Vices privés, vertus publiques

Mandeville, *La Fable des abeilles ou les Fripons devenus honnêtes gens*, t. I, trad. Jean Bertrand, éd. Jean Nourse, 1750, p. 1-34.

Un nombreux essaim d'abeilles habitait une ruche spacieuse. Là, dans une heureuse abondance, elles vivaient tranquilles. Ces mouches, célèbres par leurs lois, ne l'étaient pas moins par le succès de leurs armes, et par la manière dont elles se multipliaient. Leur domicile était un séminaire parfait de science et d'industrie. Jamais abeilles ne vécurent sous un plus sage gouvernement : cependant, jamais il n'y en eut de plus inconstantes et de moins satisfaites. Elles n'étaient ni les malheureuses esclaves d'une dure tyrannie, ni exposées aux cruels désordres de la féroce démocratie. Elles étaient conduites par des rois qui ne pouvaient errer, parce que leur pouvoir était sagement borné par les lois.

Ces insectes, imitant tout ce qui se fait à la ville, à l'armée ou au barreau, vivaient parfaitement comme les hommes et exécutaient, quoiqu'en petit, toutes leurs actions. Les merveilleux ouvrages opérés par l'adresse incomparable de leurs petits membres, échappaient à la faible vue des humains : cependant, il n'est parmi nous ni machine, ni ouvriers, ni métiers, ni vaisseaux, ni citadelles, ni armes, ni artisans, ni ruses, ni science, ni boutiques, ni instruments, en un mot il n'y a rien de tout ce qui se voit parmi les hommes dont ces animaux industrieux ne se servissent aussi. Comme donc leur langage nous est inconnu, nous ne pouvons parler de ce qui les concerne qu'en employant nos expressions. L'on convient assez généralement qu'entre autres choses dignes d'être remarquées, ces animaux ne connaissaient point l'usage des cornets ni des dés ; mais puisqu'ils avaient des rois, et par conséquent des gardes, on peut naturellement présumer qu'ils connaissaient quelque espèce de jeux. Vit-on en effet jamais d'officiers et de soldats qui s'abstinssent de cet amusement ?

La fertile ruche était remplie d'une multitude prodigieuse d'habitants, dont le grand nombre contribuait même à la prospérité commune. Des millions étaient occupés à satisfaire la vanité et l'ambition d'autres abeilles, qui étaient uniquement employées à consumer les travaux des premières. Malgré une si grande quantité d'ouvriers, les désirs de ces abeilles n'étaient pas satisfaits. Tant d'ouvriers, tant de travaux, pouvaient à peine fournir au luxe de la moitié de la nation.

Quelques-uns, avec de grands fonds et très peu de peines, faisaient des gains très considérables. D'autres, condamnés à manier la faux et la bêche, ne gagnaient leur vie qu'à la sueur de leur visage et en épuisant leurs forces par les occupations les plus pénibles. L'on en voyait cependant d'autres qui s'adonnaient à des emplois tout mystérieux, qui ne demandaient ni apprentissage, ni fonds, ni soins. Tels étaient les chevaliers d'industrie, les parasites, les courtiers d'amour, les joueurs, les filous, les faux-monnayeurs, les empiriques, les devins et, en général tous ceux qui haïssant la lumière tournaient par de sourdes pratiques à leur avantage le travail de leurs voisins, qui incapables eux-mêmes de tromper, étaient moins défiants. On appelait ces gens-là des fripons : mais ceux dont l'industrie était plus respectée, quoique dans le fond peu différents des premiers, recevaient un nom plus honorable. Les artisans de chaque profession, tous ceux qui exerçaient quelque emploi, ou quelque charge, avaient quelque espèce de friponnerie qui leur était propre. C'était les subtilités de l'art, et les tours de bâton.

Comme s'ils n'eussent pu, sans l'instruction d'un procès, distinguer le légitime d'avec l'illégitime, ils avaient des jurisconsultes occupés à entretenir des animosités et à susciter de mauvaises chicanes. C'était le fin de leur art. Les lois leur fournissaient des moyens pour ruiner leurs parties et pour profiter adroitement des biens engagés. Uniquement attentifs à tirer de précieux honoraires, ils ne négligeaient rien pour empêcher qu'on ne terminât par voie d'accommodement les difficultés. Pour défendre une mauvaise cause, ils épluchaient les lois avec la même exactitude et dans le même but que les voleurs examinent les maisons et les boutiques. C'était uniquement pour découvrir l'endroit faible dont ils pourraient se prévaloir.

Les médecins préféraient la réputation à la science et les richesses au rétablissement de leurs malades. La plupart, au lieu de s'appliquer à l'étude des règles de l'art, s'étudiaient à prendre une démarche composée. Des regards graves, un air pensif, étaient tout ce qu'ils possédaient pour se donner la réputation de gens doctes. Tranquilles sur la santé des patients, ils travaillaient seulement à acquérir la faveur des apothicaires et à s'attirer les louanges des accoucheuses, des prêtres, et de tous ceux qui vivaient du produit des naissances ou des funérailles. Attentifs à ménager la faveur du sexe babillard, ils écoutaient avec complaisance les vieilles recettes de la tante de Madame. Les chalands et toute leur famille étaient soigneusement ménagés. Un sourire affecté, des regards gracieux, tout était mis en usage et servait à captiver ces esprits déjà prévenus. Il n'y avait pas même jusqu'aux gardes dont ils ne souffrirent les impertinences.

Entre le grand nombre des prêtres de Jupiter, gagés pour attirer sur la ruche la bénédiction d'en haut, il n'y en avait que bien peu qui eussent de l'éloquence et du savoir. La plupart étaient même aussi emportés qu'ignorants. On découvrait leur paresse, leur incontinence, leur avarice et leur vanité, malgré les soins qu'ils prenaient pour dérober aux yeux du public ces défauts. Ils étaient fripons comme des tailleurs et intempérants comme des matelots. Quelques-uns à face blême, couverts d'habits déchirés, priaient mystiquement pour avoir du pain. Ils espéraient de recevoir de plus grosses récompenses ; mais à la lettre ils n'obtenaient que du pain. Et tandis que ces sacrés esclaves mouraient de faim, les fainéants pour qui ils officiaient étaient bien à leur aise. On voyait sur leurs visages de prospérité, la santé et l'abondance dont ils jouissaient.

Les soldats qui avaient été mis en fuite, étaient comblés d'honneur, s'ils avaient le bonheur d'échapper à l'épée victorieuse, quoiqu'il y en eût plusieurs qui fussent de vrais poltrons, qui n'aimaient point le carnage. Si quelque vaillant général mettait en déroute les ennemis, il se trouvait quelque personne qui, corrompue par des présents, facilitait leur retraite. Il y avait des guerriers qui, affrontant le danger, paraissaient toujours dans les endroits les plus exposés. D'abord ils y perdaient une jambe, ensuite ils y laissaient un bras, et enfin, lorsque toutes ces diminutions les avaient mis hors d'état de servir, on les renvoyait honteusement à la demi-paye ; tandis que d'autres, qui plus prudents n'allaient jamais au combat, tiraient la double paye, pour rester tranquilles chez eux.

Leurs rois étaient à tous égards mal servis. Leurs propres ministres les trompaient. Il y en avait à la vérité plusieurs qui ne négligeaient rien pour avancer les intérêts de la couronne ; mais en même temps ils pillaient impunément le trésor qu'ils travaillaient à enrichir. Ils avaient l'heureux talent de faire une très belle dépense, quoique leurs appointements fussent très chétifs ; et encore se vantaient-ils d'être fort modestes. Donnaient-ils trop d'étendue à leurs droits ? ils appelaient cela leurs tours de bâton. Et même s'ils craignaient qu'on ne comprît leur jargon, ils se servaient du terme d'émoluments, sans qu'ils voulussent jamais parler naturellement et sans déguisement de leurs gains.

Car il n'y avait pas une abeille qui ne se fût très bien contentée, je ne dis pas de ce que gagnaient effectivement ces ministres, mais seulement de ce qu'ils laissaient paraître de leurs gains. Ils ressemblaient à nos joueurs qui, quoiqu'ils aient joué beau jeu, ne diront cependant jamais en présence des perdants tout ce qu'ils ont gagné.

Qui pourrait détailler toutes les fraudes qui se commettaient dans cette ruche ? Celui qui achetait des immondices pour engraisser son pré les trouvait falsifiés d'un quart de pierres et de mortier inutiles et encore, quoique dupe, il n'aurait pas eu bonne grâce d'en murmurer, puisqu'à son tour il mêlait parmi son beurre une moitié de sel.

La justice même, si renommée pour sa bonne foi quoique aveugle, n'en était pas moins sensible au brillant éclat de l'or. Corrompue par des présents, elle avait souvent fait pencher la balance qu'elle tenait dans sa main gauche. Impartiale en apparence, lorsqu'il s'agissait d'infliger des peines corporelles, de punir des meurtres et d'autres grands crimes, elle avait même souvent condamné au supplice des gens qui avaient continué leurs friponneries après avoir été punis du pilori. Cependant on croyait communément que l'épée qu'elle portait ne frappait que les abeilles qui étaient pauvres et sans ressources ; et que même cette déesse faisait attacher à l'arbre maudit des gens qui, pressés par la fatale nécessité, avaient commis des crimes qui ne méritaient pas un pareil traitement. Par cette injuste sévérité, on cherchait à mettre en sûreté le grand et le riche.

Chaque ordre était ainsi rempli de vices, mais la nation même jouissait d'une heureuse prospérité. Flattée dans la paix, on la craignait dans la guerre. Estimée chez les étrangers, elle tenait la balance des autres ruches. Tous ses membres à l'envi prodiguaient pour sa conservation leurs vies et leurs biens. Tel était l'état florissant de ce peuple. Les vices des particuliers contribuaient à la félicité publique. Dès que la vertu, instruite par les ruses politiques, eut appris mille heureux tours de finesse, et qu'elle se fut liée d'amitié avec le vice, les plus scélérats faisaient quelque chose pour le bien commun.

Les fourberies de l'État conservaient le tout, quoique chaque citoyen s'en plaignît. L'harmonie dans un concert résulte d'une combinaison de sons qui sont directement opposés. Ainsi les membres de la société, en suivant des routes absolument contraires, s'aidaient comme par dépit. La tempérance et la sobriété des uns facilitait l'ivrognerie et la gloutonnerie des autres. L'avarice, cette funeste racine de tous les maux, ce vice dénaturé et diabolique, était esclave du noble défaut de la prodigalité. Le luxe fastueux occupait des millions de pauvres. La vanité, cette passion si détestée, donnait de l'occupation à un plus grand nombre encore. L'envie même et l'amour-propre, ministres de l'industrie, faisaient fleurir les arts et le commerce. Les extravagances dans le manger et dans la diversité de mets, la somptuosité dans les équipages et dans les ameublements, malgré leur ridicule, faisaient la meilleure partie du négoce.

Toujours inconstant, ce peuple changeait de lois comme de modes. Les règlements qui avaient été sagement établis étaient annulés et on leur en substituait bientôt de tout opposés. Cependant, en altérant ainsi leurs anciennes lois et en les corrigeant, ils prévenaient des fautes qu'aucune prudence n'aurait pu prévoir.

C'est ainsi que le vice produisant la ruse et que la ruse se joignant à l'industrie, on vit peu à peu la ruche abonder de toutes les commodités de la vie. Les plaisirs réels, les douceurs de la vie, l'aise et le repos étaient devenus des biens si communs que les pauvres mêmes vivaient plus agréablement alors que les riches ne le faisaient auparavant. On ne pouvait rien ajouter au bonheur de cette société.

Mais hélas ! quelle n'est pas la vanité de la félicité des pauvres mortels ? À peine ces abeilles avaient-elles goûté les prémices du bonheur, qu'elles éprouvèrent qu'il est même au-dessus du pouvoir des dieux de rendre parfait le séjour terrestre. La troupe murmurante avait souvent témoigné qu'elle était satisfaite du gouvernement et des ministres ; mais au moindre revers, elle changea d'idées. Comme si elle eût été perdue sans retour, elle maudit les politiques, les armées et les flottes. Ces abeilles réunissant leurs plaintes, on entendait de tous côtés ces paroles : *Maudites soient toutes les fourberies qui règnent parmi nous.* Cependant, chacune se les permettait encore ; mais chacune avait la cruauté de ne vouloir point en accorder l'usage aux autres.

Un personnage qui avait amassé d'immenses richesses en trompant son maître, le roi et le pauvre, osait crier de toute sa force : *Le pays ne peut manquer de périr pour toutes ses injustices.* Et qui pensez-vous que fut ce rigide sermonneur ? C'était un gantier qui avait vendu toute sa vie et qui vendait actuellement des peaux de mouton pour des cabrons. Il ne faisait pas la moindre chose dans cette société qui ne contribuât au bien public. Cependant tous les fripons criaient avec impudence : *Bons dieux ! Accordez-nous seulement la probité.*

Mercure ne put s'empêcher de rire à l'ouïe d'une prière si effrontée. Les autres dieux dirent qu'il y avait de la stupidité à blâmer ce que l'on aimait. Mais Jupiter, indigné de ces prières, jura enfin que cette troupe criailleuse serait délivrée de la fraude dont elle se plaignait.

Il dit : Au même instant l'honnêteté s'empara de tous les cœurs. Semblable à l'arbre instructif, elle dévoila les yeux de chacun, elle leur fit apercevoir ces crimes qu'on ne peut contempler sans honte. Ils se confessaient coupables par leurs discours et surtout par la rougeur qu'excitait sur leurs visages l'énormité de leurs crimes. C'est ainsi que des enfants qui veulent cacher leurs fautes, trahis par leur couleur, s'imaginent que dès qu'on les regarde, on lit sur leur visage mal assuré la mauvaise action qu'ils ont faite.

Mais grands dieux ! quelle consternation ! quel subit changement ! En moins d'une heure le prix des denrées diminua partout. Chacun, depuis le ministre d'État jusqu'au villageois, arracha le masque d'hypocrisie qui le couvrait. Quelques-uns, qui étaient très bien connus auparavant, parurent des étrangers quand ils eurent pris des manières naturelles.

Dès ce moment, le barreau fut dépeuplé. Les débiteurs acquittaient volontairement leurs dettes, sans en excepter même celles que leurs créditeurs avaient oubliées. On les cédait généreusement à ceux qui n'étaient pas en état de les satisfaire. S'élevait-il quelque difficulté, ceux qui avaient tort restaient modestement dans le silence. On ne voyait plus de procès où il entrât de la mauvaise foi et de la vexation. Personne ne pouvait plus acquérir des richesses. La vertu et l'honnêteté régnaient dans la ruche. Qu'est-ce donc que les avocats y auraient fait ? Aussi tous ceux qui avant la révolution n'avaient pas eu le bonheur de gagner du bien, désespérés pendaient leur écritoire à leur côté et se retiraient.

La justice, qui jusqu'alors avait été occupée à faire pendre certaines personnes, avait donné la liberté à ceux qu'elle tenait prisonniers. Mais dès que les prisons eurent été nettoyées, la déesse qui y préside devenant inutile, elle se vit contrainte de se retirer avec son train et tout son bruyant attirail. D'abord paraissaient quelques serruriers chargés de serrures, de verrous, de grilles, de chaînes et de portes garnies de barres de fer. Ensuite venaient les geôliers, les guichetiers et leurs suppôts. La déesse paraissait alors précédée de son fidèle ministre l'écuyer Carnifex, le grand exécuteur de ses ordres sévères. Il n'était point armé de son épée imaginaire, à la place il portait la hache et la corde. Dame Justice aux yeux bandés, assise sur un nuage, fut chassée dans les airs accompagnée de ce cortège. Autour de son char et derrière il y avait ses sergents, huissiers, et ses domestiques de toute espèce qui se nourrissent des larmes des infortunés.

La ruche avait des médecins, tout comme avant la révolution. Mais la médecine, cet art salutaire, n'était plus confiée qu'à d'habiles gens. Ils étaient en si grand nombre et si bien répandus dans la ruche qu'ils n'y en avait aucun qui eût besoin de se servir de voiture. Leurs vaines disputes avaient cessé. Le soin de délivrer promptement les patients était ce qui les occupait uniquement. Pleins de mépris pour les drogues qu'on apporte des pays étrangers, ils se bornaient aux simples que produit le pays. Persuadés que les dieux n'envoient aucune maladie aux nations sans leur donner en même temps les vrais remèdes, ils s'attachaient à découvrir les propriétés des plantes qui croissaient chez eux.

Les riches ecclésiastiques, revenus de leur honteuse paresse, ne faisaient plus desservir leurs églises par des abeilles prises à la journée. Ils officiaient eux-mêmes. La probité dont ils étaient animés les engageait à offrir des prières et des sacrifices. Tous ceux qui ne se sentaient pas capables de s'acquitter de ces devoirs, ou qui croyaient qu'on pouvait se passer de leurs soins, résignaient sans délai leurs emplois. Il n'y avait pas assez d'occupation pour tant de personnes, si même il en restait pour quelques-uns. Le nombre en diminua donc considérablement. Ils étaient tous modestement soumis au grand prêtre, qui, uniquement occupé des affaires religieuses, abandonnait aux autres les affaires d'État. Le chef sacré, devenu charitable, n'avait pas la dureté de chasser de sa porte les pauvres affamés. Jamais on n'entendait dire qu'il retranchât quelque chose du salaire de l'indigent. C'était au contraire chez lui que l'affamé trouvait de la nourriture, le mercenaire du pain, l'ouvrier nécessiteux sa table et son lit.

Le changement ne fut pas moins considérable parmi les premiers ministres du roi et tous les officiers subalternes. Économes et tempérants alors, leurs pensions leur suffisaient pour vivre. Si une pauvre abeille fut venue dix fois pour demander le juste paiement d'une petite somme, et que quelque commis bien payé l'eût obligée, ou de lui faire présent d'un écu, ou de ne jamais recevoir son paiement, on aurait ci-devant appelé une pareille alternative *le tour de bâton du commis* ; mais pour lors on lui aurait tout naturellement donné le nom de *friponnerie manifeste.*

Une seule personne suffisait pour remplir les places qui en exigeaient trois avant l'heureux changement. On n'avait plus besoin de donner des collègues pour éclairer les actions de ceux à qui l'on confiait le maniement des affaires. Les magistrats ne se laissaient plus corrompre et ils ne cherchaient plus à faciliter les larcins des autres. Un seul faisait alors mille fois plus d'ouvrage que plusieurs n'en faisaient auparavant.

Il n'y avait plus d'honneur à faire figure aux dépens de ses créditeurs. Les livrées étaient pendues dans les boutiques des fripiers. Ceux qui brillaient par la magnificence de leurs carrosses les vendaient pour peu de chose. La noblesse se défaisait de tous ses superbes chevaux si bien appariés et même de leurs campagnes, pour payer leurs dettes.

On évitait la vaine dépense avec le même soin qu'on fuyait la fraude. On n'entretenait plus d'armée dehors. Méprisant l'estime des étrangers, et la gloire frivole qui s'acquiert par les armes, on ne combattait plus que pour défendre la patrie contre ceux qui en voulaient à ses droits et à sa liberté.

Jetez présentement les yeux sur la ruche glorieuse. Contemplez l'accord admirable qui règne entre les commerces et la bonne foi. Les obscurités qui couvraient ce spectacle ont disparu. Tout se voit à découvert. Que les choses ont changé de face !

Ceux qui faisaient des dépenses excessives et tous ceux qui vivaient de ce luxe furent forcés de se retirer. En vain ils tentèrent de nouvelles occupations ; elles ne purent leur fournir le nécessaire.

Le prix des fonds et des bâtiments tomba. Les palais enchantés dont les murs semblables à ceux de Thèbes avaient été élevés par la musique, étaient déserts. Les grands, qui auraient mieux aimé perdre la vie que de voir effacer les titres fastueux gravés sur leurs superbes portiques, se moquaient aujourd'hui de ces vaines inscriptions. L'architecture, cet art merveilleux, fut entièrement abandonné. Les artisans ne trouvaient plus personne qui voulût les employer. Les peintres ne se rendaient plus célèbres par leur pinceau. Le sculpteur, le graveur, le ciseleur et le statuaire n'étaient plus nommés dans la ruche.

Le peu d'abeilles qui restèrent vivaient chétivement. On n'était plus en peine comment on dépenserait son argent, mais comment on s'y prendrait pour vivre. En payant leur compte à la taverne, elles prenaient la résolution de n'y remettre jamais le pied. On ne voyait plus de salope cabaretière qui gagnât assez pour porter des habits de drap d'or. Torcol ne donnait plus de grosses sommes pour avoir du Bourgogne et des ortolans. Le courtisan qui se piquant de régaler le jour de Noël sa maîtresse de pois verts, dépensait en deux heures autant qu'une compagnie de cavalerie aurait dépensé en deux jours, plia bagage et se retira d'un si misérable pays.

La fière Cloé dont les grands airs avaient autrefois obligé son trop facile mari de piller l'État, vend à présent son équipage composé des plus riches dépouilles des Indes. Elle retranche sa dépense et porte toute l'année le même habit. Le siècle léger et changeant est passé. Les modes ne se succèdent plus avec cette bizarre inconstance. Dès lors, tous les ouvriers qui travaillaient les riches étoffes de soie et d'argent et tous les artisans qui en dépendent, se retirent. Une paix profonde règne dans ce séjour ; elle a à sa suite l'abondance. Toutes les manufactures qui restent ne fabriquent que des étoffes les plus simples ; cependant elles sont toutes fort chères. La nature bienfaisante n'étant plus contrainte par l'infatigable jardinier, donne, à la vérité, ses fruits dans sa saison ; mais aussi elle ne produit plus ni raretés, ni fruits précoces.

À mesure que la vanité et le luxe diminuaient, on voyait les anciens habitants quitter leur demeure. Ce n'était plus ni les marchands, ni les compagnies qui faisaient tomber les manufactures, c'était la simplicité et la modération de toutes les abeilles. Tous les métiers et tous les arts étaient négligés. Le contentement, cette peste de l'industrie, leur fait admirer leur grossière abondance. Ils ne recherchent plus la nouveauté, ils n'ambitionnent plus rien.

C'est ainsi que la ruche étant presque déserte, ils ne pouvaient se défendre contre les attaques de leurs ennemis cent fois plus nombreux. Ils se défendirent cependant avec toute la valeur possible, jusqu'à ce que quelques-uns d'entre eux eussent trouvé une retraite bien fortifiée. C'est là qu'ils résolurent de s'établir ou de périr dans l'entreprise. Il n'y eut aucun traître parmi eux. Tous combattirent vaillamment pour la cause commune. Leur courage et leur intégrité furent enfin couronnés de la victoire.

Ce triomphe leur coûta néanmoins beaucoup. Plusieurs milliers de ces valeureuses abeilles périrent. Le reste de l'essaim, qui s'était endurci à la fatigue et aux travaux, crut que l'aise et le repos qui mettait si fort à l'épreuve leur tempérance, était un vice. Voulant donc se garantir tout d'un coup de toute rechute, toutes ces abeilles s'envolèrent dans le sombre creux d'un arbre, où il ne leur reste de leur ancienne félicité que le contentement et l'honnêteté.

Quittez donc vos plaintes, mortels insensés ! En vain vous cherchez à associer la grandeur d'une nation avec la probité. Il n'y a que des fous qui puissent se flatter de jouir des agréments et des convenances de la terre, d'être renommés dans la guerre, de vivre bien à son aise et d'être en même temps vertueux. Abandonnez ces vaines chimères. Il faut que la fraude, le luxe et la vanité subsistent, si nous voulons en retirer les doux fruits. La faim est sans doute une incommodité affreuse. Mais comment sans elle pourrait se faire la digestion d'où dépend notre nutrition et notre accroissement. Ne devons-nous pas le vin, cette excellente liqueur, à une plante dont le bois est maigre, laid et tortueux ? Tandis que ses rejetons négligés sont laissés sur la plante, ils s'étouffent les uns les autres et deviennent des sarments inutiles. Mais si ces branches sont étayées et taillées, bientôt devenus fécondes, elles nous font part du plus excellent des fruits.

C'est ainsi que l'on trouve le vice avantageux, lorsque la justice l'émonde, en ôte l'excès et le lie. Que dis-je ! Le vice est aussi nécessaire dans un État florissant que la faim est nécessaire pour nous obliger à manger. Il est impossible que la vertu seule rende jamais une nation célèbre et glorieuse. Pour y faire revivre l'heureux Siècle d'or, il faut absolument outre l'honnêteté reprendre le gland qui servait de nourriture à nos premiers pères.

2. Le droit des animaux et son évolution probable

Jeremy Bentham, *An Introduction to the Principles of Morals and Legislation* [*Une introduction aux principes de morale et de législation*], XVII, § 5, 1789. Extrait traduit de l'anglais par Luc Ferry.

Peut-être le jour viendra-t-il où le reste du règne animal retrouvera ces droits qui n'auraient jamais pu lui être enlevés autrement que par la tyrannie. Les Français ont déjà réalisé que la peau foncée n'est pas une raison pour abandonner sans recours un être humain aux caprices d'un persécuteur. Peut-être finira-t-on un jour par s'apercevoir que le nombre de jambes, la pilosité de la peau ou l'extrémité de l'os sacrum sont des raisons tout aussi insuffisantes d'abandonner une créature sensible au même sort. Quoi d'autre devrait tracer la ligne de démarcation ? Serait-ce la faculté de raisonner, ou peut-être la faculté du langage ? Mais un cheval parvenu à maturité ou un chien est, par-delà toute comparaison, un animal plus sociable et plus raisonnable qu'un nouveau-né âgé d'un jour, d'une semaine ou même d'un mois ! Mais supposons qu'ils soient autrement, à quoi cela nous servirait-il ? La question n'est pas : peuvent-ils *raisonner* ? Ni : peuvent-ils *parler* ? Mais bien : peuvent-ils *souffrir* ?

3. Le « spécisme »

Peter Singer, *La Libération animale*, trad. par David Olivier et Louise Rousselle © Grasset, 1993, p. 35-53.

Ce que cette préoccupation ou considération [des intérêts des autres] exige précisément que nous fassions peut varier en fonction des caractéristiques de ceux qui sont affectés par nos actes : la préoccupation pour le bien-être des enfants qui grandissent aux États-Unis peut exiger que nous leur apprenions à lire ; la préoccupation pour le bien-être des cochons peut ne rien impliquer d'autre que de les laisser en compagnie d'autres cochons dans un endroit où il y a une nourriture suffisante et de l'espace pour courir librement. Mais l'élément fondamental – la prise en compte des intérêts de l'être, quels que puissent être ces intérêts – doit, suivant le principe d'égalité, être étendu à tous les êtres, noirs ou blancs, masculins ou féminins, humains ou non. [...]

Le spécisme est un préjugé ou une attitude de parti pris en faveur des intérêts des membres de sa propre espèce et à l'encontre des intérêts des membres des autres espèces. Il devrait être évident que les objections fondamentales formulées contre le racisme et le sexisme par Thomas Jefferson et Sojourner Truth s'appliquent tout autant au spécisme. [...]

La capacité à souffrir et à éprouver du plaisir est *une condition nécessaire sans laquelle un être n'a pas d'intérêts du tout*, une condition qui doit être remplie pour qu'il y ait un sens à ce que nous parlions d'intérêts. Il serait absurde de dire qu'il est contraire aux intérêts d'une pierre d'être promenée le long du chemin par les coups de pied d'un écolier. Une pierre n'a pas d'intérêts parce qu'elle ne peut pas souffrir. [...] Une souris, par exemple, a un intérêt à ne pas recevoir de coups de pied, parce que si elle en reçoit elle souffrira. [...]

Ainsi, c'est le critère de la sensibilité (pour employer ce mot comme raccourci pratique, mais en toute rigueur inexact, pour désigner la capacité à souffrir et/ou à ressentir le plaisir) qui fournit la seule limite défendable à la préoccupation pour les intérêts des autres. Fixer cette limite selon une autre caractéristique comme l'intelligence ou la rationalité serait la fixer de façon arbitraire. [...]

Les racistes violent le principe d'égalité en donnant un plus grand poids aux intérêts des membres de leur propre race quand un conflit existe entre ces intérêts et ceux de membres d'une autre race. Les sexistes violent le principe d'égalité en privilégiant les intérêts des membres de leur propre sexe. De façon similaire, les spécistes permettent aux intérêts des membres de leur propre espèce de prévaloir sur des intérêts supérieurs de membres d'autres espèces. Le schéma est le même dans chaque cas. [...]

Les chimpanzés, les chiens, les porcs et les membres adultes de bien d'autres espèces dépassent de loin un tel enfant au cerveau endommagé du point de vue de leur capacité à entrer en relation avec autrui, à agir avec autonomie, à être conscients d'eux-mêmes, et de toute autre capacité qui pourrait raisonnablement être considérée comme donnant une valeur à la vie. Même avec les soins les plus intensifs, certains enfants gravement déficients ne pourront jamais atteindre le niveau d'intelligence d'un chien. Nous ne pouvons pas non plus invoquer le respect des sentiments des parents, puisque eux-mêmes, dans cet exemple imaginaire (et dans certains cas réels) ne veulent pas que l'on garde leur enfant en vie. La seule chose qui distingue cet enfant des animaux non humains, aux yeux des personnes qui lui attribuent un « droit à la vie », est son appartenance, au niveau biologique, à l'espèce *Homo sapiens*, espèce dont ne font pas partie les chimpanzés, les chiens et les porcs. Mais invoquer cette *différence-là* comme base pour accorder un droit à la vie à l'enfant sans en accorder aux autres animaux constitue, de toute évidence, du spécisme à l'état pur. Il s'agit exactement du même genre de différence arbitraire dont le raciste le plus effronté et le moins dissimulé se sert pour tenter de justifier la discrimination raciale. [...]

Quels que soient cependant les critères que nous voudrons retenir il nous faudra admettre qu'ils ne peuvent coïncider précisément avec la limite de notre propre espèce. Nous pouvons légitimement penser qu'en raison des caractéristiques que possèdent certains êtres leur vie a plus de valeur que celle d'autres êtres ; mais il existera certainement certains animaux non humains dont la vie, quels que soient les critères retenus, aura plus de valeur que celle de certains humains. Un chimpanzé, un chien ou un porc, par exemple, aura un degré plus élevé de conscience de soi et une plus grande capacité à entretenir des relations avec d'autres que n'en aura un jeune enfant gravement déficient ou une personne dans un état de sénilité avancé.

4. Une théorie de la causalité

Hume, *Enquête sur l'entendement humain*, trad. André Leroy, rev. par Michelle Beyssade, GF-Flammarion, VIII, « Liberté et nécessité », 2006, p. 150-157.

Tout le monde reconnaît que la matière, dans toutes ses opérations, est animée par une force nécessaire et que tout effet naturel est si précisément déterminé par l'énergie de sa cause qu'aucun autre effet n'aurait pu en résulter dans de telles conditions particulières. La quantité et la direction de chaque mouvement sont prescrites par les lois de la nature avec une telle exactitude qu'une créature vivante peut aussi bien naître du choc de deux corps qu'un mouvement différent, en quantité et en direction, de celui que ce choc produit effectivement. Si nous voulons donc nous faire une idée juste et précise de la *nécessité*, il nous faut rechercher d'où naît cette idée quand nous l'appliquons à l'opération des corps.

Il semble évident que, si toutes les scènes de la nature changeaient continuellement de telle manière qu'il n'y ait aucune ressemblance entre deux événements, et qu'au contraire tout objet soit entièrement nouveau, sans aucune analogie à tout ce qu'on avait vu auparavant, nous n'aurions jamais atteint, dans ce cas, la moindre idée de nécessité ou de connexion entre ces objets. Nous pourrions dire, dans une telle hypothèse, qu'un objet ou un événement en a suivi un autre, mais non que l'un a été produit par l'autre. La relation de cause à effet serait nécessairement absolument inconnue aux hommes. Dès lors, ce serait la fin de toute inférence et de tout raisonnement sur les opérations de la nature ; la mémoire et les sens resteraient les seuls canaux qui pourraient livrer accès dans l'esprit à la connaissance d'une existence réelle. Notre idée de nécessité et de causalité naît donc entièrement de l'observation d'une uniformité dans les opérations de la nature où des objets semblables sont constamment conjoints les uns aux autres, et l'esprit déterminé par accoutumance à inférer l'un de l'apparition de l'autre. Ces deux circonstances forment le tout de la nécessité que nous attribuons à la matière. En dehors de la constante *conjonction* d'objets semblables et de l'*inférence*, qui en résulte, d'un objet à l'autre, nous n'avons aucune notion d'aucune nécessité ou connexion.

Si donc il paraît que tous les hommes ont toujours accordé, sans aucun doute ni aucune hésitation, que ces deux circonstances interviennent dans les actions humaines volontaires et dans les opérations de l'esprit, il doit suivre que tous les hommes se sont toujours accordés sur la doctrine de la nécessité et que, jusqu'ici, ils ont discuté uniquement faute de se comprendre les uns les autres.

Pour la première circonstance, la conjonction constante et régulière d'événements semblables, nous pourrons peut-être nous satisfaire à l'aide des considérations suivantes. Tout le monde reconnaît qu'il y a beaucoup d'uniformité dans les actions humaines, dans toutes les nations et à toutes les époques, et que la nature humaine reste toujours la même dans ses principes et ses opérations. Les mêmes motifs produisent toujours les mêmes actions ; les mêmes événements suivent des mêmes causes. L'ambition, l'avarice, l'amour de soi, la vanité, l'amitié, la générosité, l'esprit public : ces passions, qui se mêlent à divers degrés et se répandent dans la société, ont été, depuis le commencement du monde, et sont encore la source de toutes les actions et entreprises qu'on a toujours observées parmi les hommes. Voulez-vous connaître les sentiments, les inclinations et le genre de vie des Grecs et des Romains ? Étudiez bien le caractère et les actions des Français et des Anglais ; vous ne pouvez vous tromper beaucoup si vous transférez aux premiers *la plupart* des observations que vous avez faites sur les seconds. Les hommes sont si bien les mêmes, à toutes les époques et en tous les lieux, que l'histoire ne nous indique rien de nouveau ni d'étrange sur ce point. Son principal usage est seulement de nous découvrir les principes constants et universels de la nature humaine en montrant les hommes dans toutes les diverses circonstances et situations, et en nous fournissant des matériaux d'où nous pouvons former nos observations et nous familiariser avec les ressorts réguliers de l'action et de la conduite humaines. Ces relations de guerres, d'intrigues, de factions et de révolutions sont autant de recueils d'expériences qui permettent au philosophe politique ou moral de fixer les principes de sa science, de la même manière que le médecin ou le philosophe de la nature se familiarise avec la nature des plantes, des minéraux et des autres objets extérieurs par les expériences qu'il fait sur eux. Et la terre, l'eau et les autres éléments étudiés par Aristote et Hippocrate ne sont pas plus semblables à ceux qui tombent à présent sous notre observation que les hommes décrits par Polybe et par Tacite aux hommes qui gouvernent aujourd'hui le monde.

Si un voyageur, de retour d'une contrée lointaine, nous apportait le récit d'hommes totalement différents de ceux que nous avons jamais connus ; des hommes complètement libres d'avarice, d'ambition ou d'esprit de vengeance ; ignorants de tout autre plaisir que ceux de l'amitié, de la générosité et de l'esprit public, nous découvririons immédiatement la tromperie à ces circonstances et nous déclarerions cet homme coupable de mensonge avec la même certitude que s'il avait truffé son récit d'histoires de centaures et de dragons, de miracles et de prodiges. Si nous voulions dévoiler quelque hâblerie dans l'histoire, nous ne pourrions pas employer d'argument plus convaincant que de prouver que les actions attribuées à un homme sont directement contraires au cours de la nature et qu'aucun motif humain, dans de telles circonstances, n'aurait jamais pu engager cet homme à se conduire de telle manière. On suspecte autant la véracité de Quinte-Curce, lorsqu'il décrit le courage surnaturel d'Alexandre qui le portait à attaquer seul des multitudes, que lorsqu'il décrit sa force et son activité surnaturelles qui lui donnaient le pouvoir d'y résister. Tant nous avons tous de penchant à admettre une uniformité dans les motifs et dans les actions des hommes aussi bien que dans les opérations des corps.

C'est de là que vient aussi le bénéfice de l'expérience acquise par une longue vie et par la variété des occupations et de la société pour nous instruire des principes de la nature humaine et régler notre conduite future aussi bien que notre spéculation. À l'aide de ce guide, nous parvenons à la connaissance des inclinations et des motifs humains à partir de leurs actes, de leurs paroles et de leurs gestes ; et nous redescendons pour interpréter leurs actes grâce à notre connaissance de leurs motifs et inclinations. Les observations générales amassées au cours de l'expérience nous donnent le fil de la nature humaine, et elles nous apprennent à en débrouiller les complications. Les prétextes et les apparences ne nous trompent plus. Les déclarations publiques passent pour de spécieux déguisements d'une cause. Bien qu'on accorde à la vertu et à l'honneur leur poids et leur autorité propres, on n'attend jamais des foules et des partis, et l'on attend rarement de leurs meneurs, ce parfait désintéressement auquel on prétend si souvent ; et même on l'attend à peine des individus de tout rang et de toute situation. Mais s'il n'y avait pas d'uniformité dans les actions humaines, et si toutes les expériences de ce genre, que nous formons, étaient irrégulières et désordonnées, il serait impossible de rassembler des observations générales sur les hommes ; aucune expérience, même si nous l'assimilions par une réflexion soigneuse, ne servirait jamais à aucune fin. Pourquoi le vieux fermier est-il plus expert, dans sa profession, que le jeune débutant, sinon parce qu'il y a une certaine uniformité dans l'action du soleil, de la pluie et de la terre sur la production des végétaux ; et que l'expérience apprend au vieux praticien les règles qui gouvernent et dirigent cette opération ?

Il ne nous faut pourtant pas attendre que l'uniformité des actions humaines soit portée à un point tel que tous les hommes, dans les mêmes circonstances, agissent précisément de la même manière, sans aucune considération de la variété des caractères, préjugés et opinions. On ne trouve dans aucune partie de la nature une telle uniformité sur tous les points. Au contraire, c'est à observer la diversité des conduites chez les différents hommes que nous devenons capables de former un plus grand nombre de maximes différentes qui admettent encore un degré d'uniformité et de régularité.

Les mœurs des hommes diffèrent-elles aux différentes époques et dans les différents pays ? Nous en apprenons la grande force de la coutume et de l'éducation, qui modèlent l'esprit humain depuis son enfance et le façonnent en un caractère fixe et établi. La conduite et les manières d'agir de l'un des sexes sont-elles très dissemblables de celles de l'autre sexe ? C'est ce qui nous fait nous familiariser avec les différences de caractère que la nature a imprimées dans les sexes et qu'elle maintient avec constance et régularité. Les actions d'une même personne deviennent-elles très différentes aux différentes époques de sa vie, de l'enfance à la vieillesse ? Ce fait apporte l'occasion de nombreuses remarques générales sur le changement graduel de nos sentiments et inclinations et sur les différentes maximes qui prévalent aux divers âges des créatures humaines. Même le caractère propre de chaque individu a de l'uniformité dans son action ; sinon notre familiarité avec les personnes et l'observation que nous faisons de leur conduite ne pourraient jamais nous apprendre leurs dispositions, ni servir à diriger notre conduite à leur égard.

Il est possible, je l'accorde, de trouver des actions qui n'ont pas de connexion régulière avec des motifs connus et qui constituent des exceptions à toutes les règles de conduite qui ont jamais été établies pour le gouvernement des hommes. Mais si nous voulions savoir quel jugement il nous faut former de telles actions irrégulières et extraordinaires, nous pouvons considérer les sentiments communément entretenus à l'endroit des événements irréguliers qui paraissent dans le cours de la nature et les opérations des objets extérieurs. Toutes les causes ne sont pas conjointes à leurs effets habituels avec une semblable uniformité. Un artisan, qui travaille seulement de la matière morte, peut éprouver des déconvenues à l'endroit de son dessein aussi bien qu'un politique qui dirige la conduite d'agents sensibles et intelligents.

Le vulgaire, qui prend les choses d'après leur première apparence, attribue l'incertitude des événements à une incertitude dans les causes, telle que celles-ci, souvent, n'exercent pas leur action habituelle, bien que leur action ne rencontre pas d'obstacle. Mais les philosophes observent qu'il y a, presque dans chaque partie de la nature, une immense variété de ressorts et de principes qui sont cachés en raison de leur petitesse ou de leur éloignement, et ils trouvent qu'il est au moins possible que cette contrariété des événements puisse ne pas procéder d'une contingence dans la cause, mais de l'opération secrète de causes contraires. Cette possibilité se convertit en certitude par une observation plus poussée ; ils remarquent que, pour une observation plus serrée, une contrariété dans les effets révèle toujours une contrariété dans les causes et procède de leur opposition mutuelle. Un paysan ne donne pas de meilleure raison à l'arrêt d'une horloge ou d'une montre que de dire que, communément, elle ne va pas bien ; mais un artisan perçoit aisément que la même force dans le ressort ou le balancier a toujours la même action sur les rouages, mais qu'elle ne produit pas son effet habituel peut-être en raison d'un grain de poussière qui arrête tout le mouvement. À partir de l'observation de plusieurs cas concordants, les philosophes forment cette maxime que la connexion entre toutes les causes et tous les effets est également nécessaire et que son incertitude apparente dans certains cas procède de l'opposition secrète de causes contraires.

Ainsi, par exemple, dans le corps humain, quand les symptômes habituels de santé ou de maladie trompent notre attente ; quand les remèdes n'agissent pas avec tout leur pouvoir habituel ; quand des événements irréguliers suivent d'une cause particulière, le philosophe et le médecin ne sont pas surpris du fait ; et ils ne sont pas tentés de nier, en général, la nécessité et l'uniformité des principes qui conduisent l'économie animale. Ils savent qu'un corps humain est une machine prodigieusement compliquée ; que de nombreux pouvoirs secrets y sont cachés, qui échappent complètement à notre compréhension ; qu'il faut que ses opérations nous paraissent souvent très incertaines ; et que, par suite, les événements irréguliers, qui se découvrent extérieurement, ne peuvent être des preuves que les lois de la nature ne sont pas observées avec la plus grande régularité dans ses opérations et son gouvernement internes.

Il faut que le philosophe, s'il est conséquent, applique le même raisonnement aux actions et aux volontés des agents intelligents. On peut fréquemment expliquer les résolutions humaines les plus irrégulières et les plus inattendues si l'on connaît toutes les circonstances particulières de caractère et de situation. Une personne de dispositions obligeantes donne une réponse hargneuse ; mais elle a mal aux dents ou elle n'a pas dîné. Un homme stupide découvre une vivacité peu commune dans ses manières ; mais il vient de lui arriver subitement une bonne fortune. Ou même, quand une action, comme il arrive parfois, ne peut recevoir d'explication particulière ni de la personne elle-même ni des autres, nous savons en général que les caractères humains sont, à un certain degré, inconstants et irréguliers. C'est, en quelque sorte, le caractère constant de la nature humaine, bien qu'on puisse l'attribuer, d'une manière plus particulière, à certaines personnes qui n'ont pas de règles fixes pour leur conduite et procèdent par une suite incessante de caprices et d'inconstances. Les principes et les motifs intérieurs peuvent opérer d'une manière uniforme, en dépit de ces apparentes irrégularités ; de même manière que les vents, la pluie, les nuages et autres variations du temps sont, admet-on, gouvernés par des principes fixes ; bien que la sagacité humaine, dans ses recherches, ne puisse les découvrir aisément.

Ainsi, il paraît non seulement que la conjonction entre les motifs et les actes volontaires est aussi régulière et uniforme que celle qui se trouve entre la cause et l'effet en toute partie de la nature, mais aussi que cette conjonction a été universellement reconnue parmi les hommes et qu'elle n'a jamais été soumise à discussion, soit en philosophie, soit dans la vie courante. Or, comme c'est de l'expérience passée que nous tirons toutes les inférences au sujet de l'avenir, et comme nous concluons que seront toujours conjoints les objets dont nous trouvons qu'ils l'ont toujours été, il peut sembler superflu de prouver que cette expérience de l'uniformité des actions humaines est la source d'où nous tirons des *inférences* à leur sujet.

BIBLIOGRAPHIE

Gilles DELEUZE, *Empirisme et subjectivité, essai sur la nature humaine selon Hume*, PUF, « Épiméthée », 1953.

Élie HALÉVY, *La Formation du radicalisme philosophique*, PUF, 1995.

Michel MALHERBE, *La Philosophie empiriste de David Hume*, J. Vrin, « À la recherche de la vérité », 1992.

TABLE

Achevé d'imprimer en novembre 2012
sur les presses de Grafica Veneta, Italie.

N° édition : L.01EHBN000466.N001